FARAH JORGE FARAH
O MÉDICO QUE VIROU MONSTRO

Copyright © 2021 **Patricia Hargreaves**
Direção editorial: **Bruno Thys** e **Luiz André Alzer**
Capa, projeto gráfico e diagramação: **Renata Maneschy**
Revisão: **Luciana Barros**
Foto da capa: **Reprodução da foto do passaporte de Farah Jorge Farah**
Foto da autora: **Sergio Zalis**
Tratamento de imagens: **Sidnei Sales**

Dados Internacionais de Catalogação na Publicação (CIP)
(eDOC BRASIL, Belo Horizonte/MG)

H279f   Hargreaves, Patricia.
   Farah Jorge Farah – O médico que virou monstro: a história de obsessão, fé e loucura do cirurgião que esquartejou a amante e se matou vestido de mulher / Patricia Hargreaves. – Rio de Janeiro, RJ: Máquina de Livros, 2021.
   168 p. : foto. color. ; 14 x 21 cm

   Inclui bibliografia
   ISBN: 978-65-00-32393-1

   1. Alves, Maria do Carmo – Assassinato. 2. Farah Jorge Farah – Biografia. 3. Investigação criminal. I. Título.

CDD 364.15

Grafia atualizada segundo o Acordo Ortográfico da Língua Portuguesa de 1990, em vigor no Brasil desde 2009.

1ª edição, 2021

Todos os direitos reservados à **Editora Máquina de Livros LTDA**
Rua Francisco Serrador 90/902, Centro, Rio de Janeiro/RJ – CEP 20031-060
www.maquinadelivros.com.br
contato@maquinadelivros.com.br

Nenhuma parte dessa obra pode ser reproduzida, em qualquer meio físico ou eletrônico, sem a autorização da editora.

Patricia Hargreaves

FARAH JORGE FARAH
O MÉDICO QUE VIROU MONSTRO

A história de obsessão, fé e loucura do cirurgião que esquartejou a amante e se matou vestido de mulher

À minha avó Elza e à minha mãe, Regina,
mulheres que me formaram.
A Vicky, pelo companheirismo.
Aos meus sobrinhos, pela doçura e inocência.

Este livro é um tributo às vítimas de feminicídio.

SUMÁRIO

Capítulo 1 – Último ato 9
Capítulo 2 – Queridinho da mamãe 17
Capítulo 3 – Um homem obcecado 25
Capítulo 4 – Fim de semana macabro 49
Capítulo 5 – Flagrante e investigação 73
Capítulo 6 – Os julgamentos 107
Capítulo 7 – Vestibular para liberdade 131

Imagens do caso 145
Personagens de uma história de horror 146
Uma relação conflituosa 148
O caso que chocou o país 150
Local do crime por dentro e por fora 152
A vida de Farah depois do assassinato 156
Últimos momentos 158

Crédito das imagens 160
Posfácio 161
Agradecimentos 165
Bibliografia 166

1
ÚLTIMO ATO

São Paulo, 22 de setembro de 2017

Sobre o fogão do sobrado da Vila Mariana repousava solitário o ibrik, bule inventado pelos árabes no século 16 para preparar café. Único inquilino da casa de dois andares, o ex-médico Farah Jorge Farah estava habituado a usar o utensílio para fazer a bebida, seguindo uma receita de sua família, de origem síria. Na panelinha de latão de boca estreita e fundo largo, misturava cuidadosamente o pó, o açúcar e a água fria. Deixava a infusão ferver duas vezes em fogo médio, erguendo a panela pelo longo cabo. Desligava a chama e esperava alguns minutos até que a borra assentasse. O resultado desse ritual era um líquido denso, que inundava o ambiente com seu aroma próprio e disfarçava, ainda que por alguns instantes, o cheiro de podre que dominava a casa.

O interior do imóvel, no bairro de classe média da Zona Sul paulistana, parecia cenário de um programa sobre acumuladores compulsivos, desses exibidos em canais a cabo. Os dejetos que o homem de aparência frágil recolhia nas lixeiras da vizinhança estavam espalhados por todos os cômodos. No térreo, a cozinha e as duas salas transbordavam caos. A única peça da decoração que despontava incólume à barafunda era o lustre de cristal, testemunha dos dias felizes que o casal Jorge e Amália Farah viveram ali entre 1950 e 1987 com seus três filhos: Maria, Sleman e o caçula, Farah.

O odor putrefato era também resultado da falta de circulação de ar. O ex-cirurgião plástico mantinha as janelas e cortinas fechadas, em uma tentativa desesperada de bloquear os olhares que sentia espioná-lo há anos. A mesa de jantar estava soterrada por livros e cópias de trechos dos 26 volumes do processo criminal no qual ele era acusado pelo assassinato, esquartejamento e ocultação do cadáver de Maria do Carmo Alves, de 46 anos, sua ex-paciente e ex-amante.

Pela atrocidade cometida em 24 de janeiro de 2003 em sua clínica, Farah ficara preso quatro anos e quatro meses. Vivia solto desde 2007, graças a um habeas corpus do Supremo Tribunal Federal que lhe garantiu a liberdade até que o caso fosse julgado em todas as instâncias. Mas o benefício estava prestes a ter fim. A qualquer momento a polícia chegaria para executar a ordem dada na véspera pelo Superior Tribunal de Justiça: o cumprimento imediato do restante da sentença à qual fora condenado em um segundo julgamento, em 2014. A espera pelo mandado iminente deixara aquele homem franzino de 68 anos, de fala mansa e hábitos exóticos, ainda mais perturbado. Ele não considerava a hipótese de voltar para trás das grades. Preferia a morte.

Foi uma madrugada longa para o ex-titular do Colégio Brasileiro de Cirurgiões. Apelidado de "monstro" nos noticiários, assombrado pela determinação legal, Farah mudou a rotina de se deitar às 19h30. Ansioso, custou a ir para a cama depois que conversou por telefone com seus advogados no início da noite e soube do veredito. Repetiu diversas vezes a pergunta sobre o prazo que a ordem demoraria para ser cumprida. Os criminalistas responderam que não poderiam precisar, porque dependeria da agilidade das instâncias envolvidas. Talvez um ou dois dias. Pediram paciência e asseguraram que estavam acompanhando todos os movimentos legais.

Perto das quatro da manhã, no quarto que escolheu ocupar entre os três localizados no segundo pavimento do sobrado, Farah se levantou e vestiu o surrado roupão bege e marrom de plush, por cima de um puído pijama azul de malha. Colocou os óculos de armação de metal e lentes grossas no rosto, com a barba por fazer. Calçou os chinelos. Alcançou o cajado que o ajudava a manter o equilíbrio desde que removera, 20 anos antes, um câncer próximo à coluna. E começou a perambular pelo andar. Passou pelo banheiro, um dos maiores focos de mau cheiro da residência construída no fim dos anos 1940. Não pôde entrar no boxe, transformado em depósito de jornais velhos, nem usar o chuveiro, sem serventia também porque o imóvel estava com o fornecimento de água interrompido. Sua falta de higiene era sentida à distância pelos vizinhos; um homem sujo e maltrapilho, quase um indigente.

Farah permaneceu por cerca de uma hora vagando no pavimento superior da casa, herança dos pais, para ele um oásis de boas lembranças. Às cinco da manhã, decidiu descer. Já na sala de estar, desviou-se dos muitos obstáculos, entre eles um cabideiro improvisado numa escada de alumínio retrátil de cinco degraus, cheio de roupas penduradas. Com as mãos trêmulas, começou a destrancar as muitas fechaduras das duas portas que davam acesso à varandinha da entrada do imóvel. Abriu primeiro a de ferro e vidro, depois a de blindex.

Chegou então à área externa com vista para a Rua Doutor Neto de Araújo. Na derradeira grade que separava o imóvel 327 da rua viu a encomenda que buscava: um saco de pães frescos, entregue por uma panificadora do bairro. Mesmo sem erguer a cabeça, pôde perceber o burburinho que sua presença causara. Foi iluminado por luzes e flashes vindos da calçada, tomada por repórteres, cinegrafistas e fotógrafos. Estranhamente, ninguém lhe dirigiu a palavra: limitaram-se a registrar seus movimentos. Sem transparecer espanto, o ex-médico voltou para o interior do sobrado na velocidade em que saiu, atravessando um mar de correspondências e material de propaganda caídos da abarrotada caixa de correio. Trancafiou, atrás de si, a última porta, na qual havia uma placa de metal pendurada, com o alerta: "Perigo: alta tensão".

O que estava acontecendo? O que aquela gente sabia e ele ignorava? A decisão do STJ ainda não tinha completado nem 12 horas. Largou os pães na pia atulhada de louça suja, próxima da geladeira desligada e com cheiro de comida estragada. Acendeu o fogo e se pôs a preparar o café árabe, com o pouco que ainda restava de água mineral. Enquanto pensava no que fazer, sorvia a bebida, seu único vício. Fez hora para acordar um dos advogados do escritório que o defendia desde 2003. Luísa Muchon, a profissional da banca do criminalista Roberto Podval encarregada de acompanhar o caso e verificar os trâmites do processo no site do Tribunal de Justiça de São Paulo, foi despertada pelo toque do celular antes das 6h30.

– Doutora, vou ser preso hoje? Por que tem tanta equipe de televisão aqui na frente? Estou apavorado – disse, com voz trêmula.

Luísa pediu um instante para que checasse a internet. Avisou, então, que o mandado ainda não aparecia como expedido. Recomendou calma e ofereceu uma alternativa. Disse que ele poderia pedir a algum parente que fosse até lá e o levasse para outro endereço, onde esperaria pela ordem judicial, longe da imprensa. Farah respondeu que seria impossível passar por tanta gente sem ser notado.

– Vou ficar aqui. Não quero ir para lugar algum.

Os dois desligaram com a advogada prometendo voltar a chamar assim que surgisse alguma novidade.

Perto das 10h, o som de sirenes tomou a Neto de Araújo. Os camburões da Polícia Civil estacionaram diante do sobrado, atrapalhando o trânsito já intenso. Farah espiou a movimentação por uma fresta da janela da sala de estar. Viu quando chegaram o delegado Osvaldo Nico Gonçalves, do Departamento de Capturas e Delegacias Especializadas da Polícia Civil, e um grupo de agentes à paisana. Sôfrego, ligou novamente para Luísa.

– A polícia chegou! Pelo amor de Deus, o que eu faço???

A advogada repetiu a recomendação de tranquilidade, alertando que o portal da Secretaria de Justiça continuava sem registrar mudanças no trâmite. Farah implorou que ela permanecesse na linha. Estava paralisado de medo com o barulho que os policiais faziam do lado de fora. Juntos, eles ouviram as palmas do delegado no portão pedindo que Farah o deixasse entrar, o barulho de alguns objetos quebrando e as batidas na janela do segundo andar, alcançada por um agente, com a ajuda de uma escada. Luísa explicou que, sem o mandado, a prisão seria irregular, dando margem a um recurso. Um silêncio inesperado tomou conta da casa. A advogada aproveitou a brecha e avisou que precisava desligar para entrar em contato com o escritório e avaliar qual profissional conseguiria chegar mais rápido à Vila Mariana. Assim foi feito.

Ela mal tinha começado a falar com o chefe, Marcelo Raffaini, quando escutou o clique de outra ligação entrando. Viu o nome de Farah piscar na espera. Não conseguiu atender. Deixou para retornar na sequência.

As várias fechaduras do sobrado da Rua Doutor Neto de Araújo precisariam da experiência de um profissional para serem abertas. Pouco depois do meio-dia, logo que recebeu a ordem de prisão (que ainda não constava do site da Justiça), o delegado Nico, nome de guerra do chefe da operação, mandou chamar um chaveiro. O policial foi a primeira pessoa a entrar no sobrado, seguido por outros agentes. Farah não estava na sala nem na cozinha, tampouco na edícula nos fundos do terreno.

Apressado, o delegado subiu a escada, atraído pela música clássica que vinha do segundo andar. Os acordes saíam de um dos quartos. Ele empurrou a porta entreaberta e se deparou com uma cena que nem mesmo Nelson Rodrigues seria capaz de criar. Na cama, deitado em meio a uma imensa poça de sangue, jazia inerte Farah Jorge Farah, com o corpo ainda quente. Caído, próximo, estava o bisturi usado para o corte preciso e mortal na femoral, veia que leva ao coração o sangue que passa pela perna. O estilo musical selecionado para o suicídio foi o mesmo que o ex-médico gostava de escutar enquanto operava. A mortalha escolhida: calça legging e top azul. A roupa justa deixava evidente o derradeiro trabalho do ex-cirurgião plástico: o autoimplante de silicone no peito e no quadril. A seu lado estava o aparelho celular, que registrava uma série de ligações da advogada, não atendidas. Uma ambulância foi chamada, mas não havia mais o que pudesse ser feito.

O corpo deixou a casa embrulhado num saco plástico preto do Instituto Médico Legal, 14 anos e oito meses depois do crime. Coincidentemente, o mesmo período da sentença à qual fora condenado em seu derradeiro julgamento. Farah foi sepultado no jazigo da família no Cemitério da Vila Mariana.

2
QUERIDINHO DA MAMÃE

Dona Amália Feniar Farah estava cismada com seu caçula. Há mais de um ano não precisava ajustar as roupas do menino, um mirrado pré-adolescente – bem diferente dela, uma mulher roliça. Farah simplesmente tinha parado de crescer. Devia ser o resultado da falta de apetite. Enjoado demais para comer, era preciso ter uma paciência de Jó para convencê-lo a engolir míseras garfadas. Preocupada, Dona Amália o levou ao médico. O exame de raio-x de pulso mostrou que o garoto ainda ia espichar uns poucos centímetros. Puxara ao biótipo do pai, também Jorge, um homem magérrimo, de 1,73m de altura.

Na família Farah, comida sempre foi assunto sério. Tratava-se do ganha-pão de gerações. Seu Jorge sustentou os três filhos, a mulher e alguns agregados graças à venda de frutas, negócio herdado do pai, com quem imigrou da Síria, aos 4 anos. Jorge aportou em Santos, no litoral paulista, em 5 de janeiro de 1925, com o pai, o velho Farah Jorge Farah, e a mãe, Maryam, depois de uma longa viagem desde Homs, cidade onde viviam. Fugiam de uma guerra devastadora entre seu país e os mandatários franceses, marcada pela fome.

Logo que chegaram ao Brasil foram morar na região escolhida pela maioria dos imigrantes árabes: as cercanias da Rua 25 de Março, zona central de São Paulo. Sem falar português e com pouquíssimos recursos, o patriarca se virou como mascate, profissão comum entre seus patrícios. Vendia nas ruas mangas, abacaxis, bananas e laranjas. Em pouco tempo, assim que conseguiu juntar um dinheiro, abriu uma portinha na esquina das ruas 25 de Março e General Carneiro. Ali, ele encontrou a estabilidade financeira com a ajuda do filho Jorge, que desde pequeno já trabalhava. Após a morte de Maryam, o velho Farah se casou com outra imigrante, Faduah, com quem teve mais cinco filhos: Amélia, Georgete, Julieta, Antônio e Sami.

O confronto franco-sírio também havia empurrado os Feniar para longe de sua terra natal. Financeiramente quebrado, Brahim Fenar, pai de Dona Amália, saiu em busca de uma vida melhor para a mulher, Mauné, e os dois filhos, convocados pelo exército. Como Mauné não quis deixar para trás os rapazes que estavam no campo de batalha, o plano era que os quatro se reencontrassem no Brasil quando houvesse uma trégua. Os garotos, porém, morreram em combate. A jovem senhora ficou sozinha e, para completar, perdeu contato com o marido. Recorreu a um grupo de padres que a ajudou não só a localizar Brahim em Franca, interior de São Paulo, como a patrocinar o reencontro. Juntos na cidade do nordeste paulista, Mauné e Brahim refizeram a família, com o nascimento de Amália, Jamil, Nahim, Jamile e Elias.

Amália, a mais velha, estava com 13 anos quando o pai a levou para conhecer os filhos de Farah, prática comum entre os árabes, o casamento arranjado, precoce e dentro da colônia. Encantada pela elegância de Jorge, o primogênito, a menina deu o veredito a Brahim, em árabe fluente: gostou do perfumado rapaz mais velho. Assunto resolvido. A jovem Amália e Jorge trocaram alianças e se mudaram para a casa da família do noivo.

Logo nasceu Maria, primeira filha do casal. Depois veio Sleman. As crianças ficavam sob os cuidados das cunhadas, para que Amália também ajudasse na loja de frutas do sogro.

Os negócios prosperavam e um segundo ponto de venda, bem maior que o primeiro, foi aberto na Rua José Bonifácio, um boulevard elegante do então rico Centro de São Paulo. O movimento era garantido pelos estudantes da tradicional Faculdade de Direito do Largo de São Francisco, ali ao lado, no Pátio do Colégio.

Em 11 de março de 1949, nasceu, de parto normal, o terceiro filho de Jorge e Amália – e a mãe precisou parar de trabalhar para se dedicar ao bebê. Farah Jorge Farah chegou ao mundo e ajudou a corrigir um episódio da trajetória familiar. Segundo a tradição síria desde o tempo do império otomano, os filhos homens mais velhos devem ser batizados com o nome do avô paterno. Só que, quando Sleman nasceu, Jorge optou por homenagear um tio homônimo, moribundo. Coube, então, ao caçula o tributo ao patriarca: carregar um nome no qual se repete Farah, que significa alegria em árabe.

O início dos anos 1950 foi pródigo para Jorge, um trabalhador inveterado, que saía cedo de casa e voltava tarde da noite. No verão de 1950 ele conseguiu finalmente tirar a mulher e os três filhos do endereço do velho Farah, na região da 25 de Março. Mais que isso, realizou o sonho da casa própria na Vila Mariana, o bairro preferido pelos árabes que prosperavam. Os cinco chegaram ao sobrado da então pacata Rua Doutor Neto de Araújo quando o caçula estava com 10 meses. Pela primeira vez tinham um lugar só deles. Alfredo, como Sleman é chamado pelos parentes, e o irmão Farah passaram a dividir o mesmo quarto. Maria tinha um só para si. O terceiro e último, claro, era do casal.

A liberdade, porém, durou pouco. Em dificuldades, os Feniar (família de Dona Amália) se viram obrigados a ocupar a edícula dos fundos da casa. O endereço ainda recebeu outros dois peludos residentes: os cachorros Mickey e Marronzinho. Foram os tempos mais felizes de sua vida, como destacou Farah em uma longa entrevista para a revista "Época" em 14 de setembro de 2009. Dona Amália preparava, com a ajuda das irmãs, verdadeiros banquetes árabes. Os comensais reviravam os olhos com seu cabrito recheado, do qual nem as tripas escapavam: tornavam-se saborosos embutidos. Aos domingos, o almoço era um evento sagrado. Todos se sentavam ao redor da mesa, alegres, esqueciam os problemas e contavam as novidades. Divertiam-se com a forma como a dona da casa brincava com o marido, chamando-o de *harami*, ladrão em árabe. Ela implicava com os valores altos das frutas do comerciante, achava-as caras. Mas concordava que ninguém oferecia mercadoria de melhor qualidade.

Maria e Sleman, de idades próximas, frequentaram sempre as mesmas escolas e receberam aulas particulares de música nos instrumentos que ganharam dos pais: ela, um piano e o irmão, um acordeão. Farah, o menor – em idade e tamanho –, era um aluno aplicado, sempre com boas notas. Amava estudar, desde pequeno. Na classe, gostava de ficar descalço. E ninguém costumava reclamar de seu hábito estranho. Até que um dia, no Colégio Santo Agostinho, quando o sino tocou encerrando a aula, ele enfiou o pé no sapato e sentiu um bicho grande. Era uma aranha. Ato reflexo, deu um grito de susto. A professora ficou enfurecida e o acusou de ter escondido o bicho de propósito, para uma encenação. Mesmo insistindo não ter tido culpa, Farah foi suspenso. Esse imbróglio e um desempenho ruim no terceiro ano ginasial foram as únicas máculas de seu currículo no ensino básico.

Presente de Dona Amália e Seu Jorge, o violão foi o primeiro instrumento de Farah, que aprendeu os acordes com a ajuda de uma vizinha. Apesar da timidez nata, tinha amigos pelo bairro, por onde circulava em sua bicicleta. Detestava que mexessem com ele. Ficava enfezado e retrucava. Era o queridinho da mãe, sempre preocupada com sua magreza e inapetência, em contraste com Sleman, um grandalhão de 1,80m. Dona Amália o protegia e, diante de algum mal feito, passava a mão na cabeça dele. Farah, inclusive, foi poupado dos recursos usados à época para impor limites na casa: chinelo, cabo de vassoura e cinto. Raramente era repreendido. Pelo contrário, a mãe se orgulhava do menino inteligente, de vocabulário rico, apreciador de música clássica e que desde pequeno queria ser médico. "Para cuidar da saúde frágil do meu pai", repetia, ainda criança.

Aos 14 anos, a adolescência se apoderou do rapazote. Ele dava vazão ao acúmulo de hormônios com fotos eróticas que mantinha em seu quarto. Também foi nessa idade que Farah começou a trabalhar como office boy, correndo de um lado a outro, fazendo tarefas para parentes e vizinhos por alguns trocados. Mais tarde, um pouco mais velho, foi empregado na padaria de familiares. Tinha ainda bastante cabelo, liso, escorrido e cortado em estilo tigelinha. Nessa época, aos 16 anos, viveu sua primeira experiência sexual, com uma namoradinha.

Farah passou a usar óculos de grau depois da prova para tirar carteira de motorista, quando descobriu que era míope. Gostava dos Beatles. Uma música em especial o inspirava:

"Doctor Robert", faixa do álbum lançado pelos rapazes de Liverpool em 1966. Aos 17 anos, Farah ficou encantado com a letra da canção da dupla Lennon e McCartney, uma ode aos alucinógenos que a banda consumia.

Os Farah sempre foram católicos fervorosos, até que optaram por frequentar a Igreja Adventista do Sétimo Dia. Tornaram-se fiéis da doutrina cristã fundada em 1863 nos Estados Unidos, baseada na Bíblia e na crença da volta de Jesus Cristo. Seguindo os ensinamentos da nova fé, passaram a guardar os sábados, a acreditar piamente na pureza moral e aboliram carne de porco das refeições, entre outras recomendações da religião. Seu Jorge e Dona Amália foram batizados de acordo com os preceitos adventistas, assim como o caçula, que sofreu um desmaio durante a cerimônia do sacramento. Enquanto o pai era alçado à função de diácono do templo na Vila Mariana, Farah, durante as celebrações, assumia o órgão, instrumento que também aprendeu a tocar. Na Escola Sabatina, curso de religião da instituição, o futuro médico dedilhava piano para os alunos.

Depois de um ano como bolsista em um cursinho particular, Farah foi aprovado no vestibular da recém-inaugurada Faculdade de Medicina de Mogi das Cruzes – mais tarde transformada em Universidade de Mogi das Cruzes. Como a instituição ficava em outra cidade, a 70 quilômetros da capital, viu-se obrigado a sair da casa dos pais para morar num pequeno apartamento próximo da faculdade. Mas a distância não seria problema. Nas férias, nos fins de semana e nos feriados visitava a família, que, aos poucos, seguia destinos diferentes. Formado em engenharia industrial, Sleman se casou com Maria do Carmo Camargo e se mudou, logo depois da união de sua irmã, Maria, com o sírio Georges Homsi. Farah mantinha a rotina de viagens entre Mogi e São Paulo, mesmo quando passou a trabalhar como monitor dos cursos de fisiologia e de farmacologia, em 1972. Após a formatura, em 1975, seguiu dando expediente na faculdade até 1981, como professor-assistente.

Com o diploma de médico debaixo do braço, viajou por meses como voluntário no Projeto Rondon, uma ação entre governo e instituições de ensino superior que levava, a destinos remotos, diversos tipos de ajuda a comunidades carentes. Embarcou em missões pela Bahia e pelo Mato Grosso. Voltou para casa contando sobre a primeira namorada que viria a assumir para a família. Uma moça brejeira, do interior baiano, que chegou a visitá-lo em São Paulo. Ela ficou hospedada no sobrado e fazia Dona Amália cair na risada cada vez que se dirigia à sogra como "mulé". O romance, porém, não prosperou.

3
UM HOMEM OBCECADO

Se um é pouco, dois é bom e três é demais, do que se trata o quatro? Farah Jorge Farah enchia o peito para dizer que tinha licença para exercer quatro especialidades na medicina: endocrinologia, cirurgia de urgência, cirurgia plástica e clínica médica e geral. Estudar era o seu sacerdócio. Por conta disso, entre os sobrinhos, era visto como aquele personagem clássico, o cientista maluco, carregado de livros, com os óculos na ponta do nariz, descuidado da própria aparência, habitante de um mundo à parte. Seus grandes amores sempre foram os pais e a carreira. "Apaixonei-me várias vezes, mas o tempo que queria dedicar conflitava com trabalho e estudos. Muitas vezes, era com muita e mútua dor que decidíamos não prosseguir", disse, em 2009, à revista "Época".

Mesmo depois de formado, o sistema de moradia de Farah não se alterou. Ele mantinha um apartamento só seu, mas continuava a passar a maior parte do tempo na casa dos pais. Ali desfrutava do conforto de seu quarto, com uma vasta e diversificada biblioteca, e também do colo e da atenção de Dona Amália. "Eu chegava em casa do trabalho, minha mãe estava me esperando com um Toddynho, uma frutinha cortadinha. Depois a gente ia para a sala assistir televisão, cada um num canto, fazendo massagem nos pés um do outro. E assim dormíamos. Era um chamego, um carinho muito gostoso", contou em seu depoimento no julgamento de 2014. "A maneira com a qual ele se referia aos pais parecia infantil, como se ainda fosse um menino", descreve a jornalista Solange Azevedo, que o entrevistou detidamente para a revista "Época".

Durante o período em que fez residência, por volta de

1976, Farah deu expediente em uma clínica psiquiátrica em Santana, distrito movimentado que liga a Zona Norte à região central de São Paulo. Assim foi apresentado ao bairro que escolheria para estabelecer sua clientela, distante cerca de 15 quilômetros da Vila Mariana. Passou a circular com desenvoltura entre as ruas Salete – endereço da clínica na qual realizava a prática médica obrigatória e onde mais tarde viria a comprar um apartamento – e a Alfredo Pujol, uma das principais do bairro. O asfalto da via de três pistas já encobria os trilhos da linha férrea cantada por Adoniran Barbosa em "Trem das onze", meio de transporte comum algumas décadas antes. De fácil acesso, cercada por bairros menos favorecidos economicamente, Santana ainda hoje é movimentada majoritariamente pelas classes A e B.

Funcionário concursado da Prefeitura Municipal de São Paulo, lotado no Pronto-Socorro de Santana, Farah deu um grande passo na carreira em 1987: comprou dois imóveis no segundo andar de um prédio meio residencial, meio comercial na Alfredo Pujol. Uniu os dois apartamentos, transformando-os em uma clínica de 200 metros quadrados, com salas de espera, repouso, consultório, banheiros e um pequeno centro cirúrgico. Na fachada do edifício número 84, de apenas quatro andares, mandou pendurar, a contragosto de alguns vizinhos, uma grande placa branca com letras verdes: "Leia a Bíblia e siga todas as palavras de Jesus, Dr. Farah Jorge Farah".

Era fácil encontrá-lo na Alfredo Pujol, rua batizada em homenagem a um advogado que atuou na defesa de um dos mais rumorosos casos de assassinato no início do século 20 em São Paulo: o "crime da mala", que mobilizou a capital paulista em 1908 e em especial a comunidade árabe. Nessa história sangrenta e passional, o comerciante sírio Elias Farhat (há registros da grafia também como Farah) foi morto por um patrício que trabalhava em seu comércio, a Casa Syria, um estabelecimento na Rua 25 de Março. Apaixonado pela mulher do patrão, Carolina Farhat, Michel Trad enforcou Elias, esquartejou o corpo, colocou-o numa mala e embarcou com ela em um navio, no porto de Santos. Foi flagrado por um tripulante quando se aproximava da beirada do convés para tentar se livrar da fétida bagagem, ainda em águas brasileiras.

Farah estava com a vida que pediu a Deus no início dos anos 1990. Dividia seu tempo entre o cargo de chefe de equipe do pronto-socorro municipal e o trabalho em sua clínica particular. Mantinha uma rotina espartana. Pegava no batente às 7h, saía para almoçar em um dos restaurantes das redondezas às 14h, retornava e seguia atendendo até as 19h. Fascinado por estética, o jovem médico aprofundava os estudos em cirurgia plástica. Antes mesmo de receber em 1991 o título de especialista pela Sociedade Brasileira de Cirurgia Plástica, já havia patenteado, três anos antes, a invenção de dois artefatos para procedimentos de lipoaspiração.

Nos raros momentos de descanso, Farah podia ser visto na Igreja Adventista de Moema e, claro, nos animados almoços dominicais de Dona Amália e Seu Jorge. A tradição do encontro familiar semanal continuou no amplo e confortável apartamento de três quartos da Rua Joaquim Távora, também na Vila Mariana, para onde o casal se mudara em 1987. O quórum dos encontros em volta da mesa aumentou com o nascimento de sete netas: cinco filhas de

Maria e duas de Sleman. O último membro da nova geração, Jorge (de novo, a tradição de dar ao neto o nome do avô), veio por último. Farah foi o escolhido para ser o padrinho do herdeiro do irmão.

Solteirão, ele assumiu o papel de guardião dos pais, já idosos. No novo imóvel, mantinha seu quarto, onde dormia algumas noites na semana. Nas demais, ficava no apartamento que comprara em Santana. O imóvel de dois dormitórios, no 26º andar do condomínio Boulevard Sallete, era próximo a seus dois empregos: a menos de cem metros da clínica e a dois quilômetros do pronto-socorro – porém, a dez quilômetros do endereço de Seu Jorge e Dona Amália.

A devoção aos estudos e ao trabalho rendia frutos. Os dias de semana foram deixando de ser suficientes para Farah atender aos pacientes. Sua clínica, credenciada em diversos planos de saúde, vivia cheia. Para dar conta da agenda, eram necessárias quatro linhas telefônicas e duas secretárias, que se revezavam nos períodos da manhã e da tarde. Na folga das funcionárias, o cirurgião convocava as sobrinhas adolescentes. As moças colaboravam felizes com a remuneração sempre generosa e ajudavam o tio tanto na recepção como em alguns procedimentos no centro cirúrgico.

Resguardado pelos adventistas, o sábado passou a ser dia de trabalho: Farah dedicava boa parte da agenda aos atendimentos *pro bono*. Eram, quase sempre, de pessoas carentes, que passavam pelo pronto-socorro e precisavam de alguma continuidade no tratamento, com curativos, intervenções reparadoras ou somente medicação. Alguns deles moradores de rua, sem condição de comprar remédio, tampouco custear os gastos com consultas particulares. Como agradecimento, o médico recebia bolos, doces e biscoitos, que recheavam sempre a copa da clínica ou a dispensa de Dona Amália.

Boa parte da clientela era formada por mulheres interessadas em corrigir o que lhes desagradava em seus corpos. O médico reunia no receituário duas especialidades ligadas à estética: endocrinologia e cirurgia plástica. Lipoaspiração, redução de mama e abdominoplastia podiam ser precedidas de tratamentos para emagrecer. Em alguns casos, apenas uma dieta bastava.

Farah facilitava o pagamento: dividia seus honorários em muitos cheques pré-datados. Assim, uma cliente o indicava para outra e ele se tornou um médico respeitado e conhecido no bairro. Os procedimentos eram em seu próprio centro cirúrgico, ouvindo música clássica. Gostava também de MPB. Tinha especial predileção pela versão de Emílio Santiago para "Viagem", de Paulo César Pinheiro e João de Aquino, cuja letra começa com "Oh! tristeza me desculpe / Estou de malas prontas / Hoje a poesia / Veio ao meu encontro / Já raiou o dia / Vamos viajar". Sua vida social se confundia com a profissional: participava de congressos, simpósios e encontros médicos. Pendurava os diplomas e certificados nas paredes de sua sala na clínica.

Nos raros domingos de folga, depois dos almoços de família, subia em sua moto branca, com faixas preta e vermelha pintadas no tanque, em direção ao estádio do Morumbi. Na garupa, levava Sleman. São-paulinos roxos, contrariaram o pai corintiano na hora de escolher o clube para o qual torceriam. A paixão pelo tricolor paulista era tanta que os levou à primeira página de uma edição da "Gazeta Esportiva". Eles foram flagrados por um fotógrafo do jornal em frente ao Morumbi, com o carona desfraldando uma bandeira do clube.

Nessa época, entre as muitas mulheres que procuravam por seus serviços, surgiu uma célebre, que em poucos anos ficaria ainda mais famosa. Receoso de que alguém soubesse sobre sua paciente, o médico deu ordens para que o nome dela não constasse nos registros da clínica. Recomendou às secretárias que não precisaria sequer assinar o livro no qual as clientes avaliavam o tratamento recebido. Satisfeita com a atenção e os resultados dos procedimentos, a paciente Marisa Letícia da Silva convidou o médico e sua família para um jantar em seu apartamento em São Bernardo do Campo. Seu Jorge, Dona Amália e Farah foram recebidos para um peixe assado na folha de bananeira, preparado pelo marido de Marisa, Luiz Inácio Lula da Silva, recém-derrotado por Fernando Henrique Cardoso nas eleições presidenciais de 1994. A gentileza teve retribuição: os Silva foram chamados para provar as delícias da culinária árabe no apartamento dos Farah, na Vila Mariana. Fartaram-se com os quibes de Sleman, autor das iguarias da noite. A amizade seguiu. No jantar de adesão que festejou os 50 anos de Lula, em 27 de outubro de 1995, no restaurante São Judas Tadeu – na rota do frango com polenta no ABC –, Farah, Seu Jorge e Sleman estavam entre os 1.200 convidados.

O ano de 1997 começou com o julgamento de um dos crimes de maior repercussão na história do país. Em janeiro, o ator Guilherme de Pádua foi condenado a 19 anos de cadeia pelo assassinato de sua colega de elenco na novela "De corpo e alma", Daniella Perez. Nesta época, a dona de casa pernambucana Maria do Carmo Alves, de 40 anos, percebeu um caroço na parte de trás da virilha direita, na região entre o glúteo e a coxa. Ficou assustada e contou ao marido, o porteiro João Augusto de Lima, mais novo do que ela alguns meses. Vaidosa, não queria marcas em seu corpo torneado de 1,60m. A preocupação de Maria do Carmo com o pequeno tumor era dupla: tanto pela possibilidade de ser maligno, como pelo estrago de uma cicatriz. Homem ponderado, João recomendou que procurasse um cirurgião plástico conveniado ao plano de saúde deles, o Green Line.

Seguindo a indicação da consultora que a atendeu, a ex-empregada doméstica marcou hora com Farah Jorge Farah. João a acompanhou à clínica, distante seis quilômetros do apartamento do casal, e a aguardou na pequena sala de espera enquanto a microcirurgia era realizada. Dias depois, o alívio: a biópsia informava tratar-se de um achado benigno.

Mais velha dos 14 filhos de um casal de agricultores, a pernambucana não chegou a completar o primeiro grau. Foi privada dos estudos para cuidar dos irmãos pequenos, enquanto os pais roçavam próximos à casa de taipa em seu pequeno sítio em Cupira, no agreste de Pernambuco, a 167 quilômetros de Recife. Uma cidadezinha, na época, com menos de 11 mil habitantes, alçada a município em 1953. Recebeu este nome por conta de uma curiosidade: a primeira capela da região foi construída às margens de uma lagoa, ao lado de uma grande baraúna, que abrigava uma imensa colmeia de *trigonas spinipes*, espécie de abelha sem ferrão, também conhecida por cupira.

Maria do Carmo tinha uma severa alergia a mordidas de insetos: as picadas viravam chagas. Enquanto ela cuidava dos irmãos menores, Seu Amaro e Dona Adelice (apelidada de Alice) carpiam e plantavam com a ajuda dos filhos maiores, garantindo assim, com muita dificuldade, o sustento de todos. A falta de recursos matou, ainda na infância, oito filhos. Sem perspectiva de um futuro melhor na roça, logo que fez 18 anos, a primogênita embarcou num ônibus e viajou mais de 2.500 quilômetros para tentar a vida em São Paulo.

Chegou na capital paulista e foi recebida por um irmão, que migrara mais cedo e que lhe arrumou emprego e moradia como empregada em uma casa de família. Quando tinha 26 anos, Maria do Carmo foi apresentada por uma amiga ao cearense João Augusto de Lima. Em pouco tempo a doméstica e o porteiro de transportadora trocaram alianças.

O salário do marido dava para manter ambos e, com isso, ela parou de trabalhar; passou a se dedicar aos cuidados de João e do quarto alugado em uma pensão na região da Luz, na Zona Central da capital paulista, onde moravam. Em 1985 uma bomba caiu sobre o jovem casal: um mioma foi detectado no útero de Maria do Carmo. Estava com 28 anos e uma histerectomia total acabou com o sonho da moça de engravidar.

Aos poucos, ela foi se refazendo do golpe. Fiel da Igreja Evangélica Pentecostal, encontrou conforto no credo, no companheiro, nos pais e irmãos, que àquela altura já haviam se mudado para São Paulo. Assim como os Farah,

Maria e João costumavam passar os domingos em família, visitando os Alves no Capão Redondo, distrito pobre e violento de São Paulo, onde foram morar logo depois que chegaram do Nordeste.

Durante o pós-operatório, Maria do Carmo voltou mais de uma vez ao consultório de Farah para fazer curativos e tirar os três pontos. Enquanto ele trocava cuidadosamente o esparadrapo cirúrgico, ungindo a área com óleo de benjoim, conversavam sobre amenidades. Maria do Carmo contou que era evangélica. O médico disse que frequentava, com os pais, a Igreja Adventista do Sétimo Dia. Brotou aí uma afinidade e uma vontade da paciente de conhecer a outra doutrina cristã.

Mais de 20 anos depois, os parentes de Maria do Carmo sustentam que a relação entre os dois teria sido intensificada por conta de um outro cisto, desta vez na barriga. A pernambucana teria operado novamente, porém, uma cicatriz grande a deixou insatisfeita. Quem conta é Lila, a irmã caçula. Não há, no entanto, registro desta segunda intervenção: nem por escrito, nem na autópsia do que restou do corpo de Maria do Carmo. Depois de matar a vítima, Farah removeu a pele da área da barriga, assim como da virilha operada. Com isso, essa versão jamais pôde ser confirmada. "Minha irmã amava tomar sol. Todo ano ela passava uma temporada na casa de uma prima nossa, no Guarujá. Era vaidosa demais. Adorava ficar na praia de biquíni se bronzeando. Depois dessa outra cirurgia, nunca mais teve coragem de mostrar o corpo em público", diz Lila. Segundo ela, as muitas ligações de Maria eram para cobrar que Farah reparasse a barbeiragem que teria feito em seu abdômen.

No ano em que os destinos de Maria do Carmo Alves e Farah Jorge Farah se cruzaram, a carreira do cirurgião passou por contratempos. O Conselho Regional de Medicina de São Paulo (Cremesp) registrou o terceiro relato de uma paciente insatisfeita com o resultado de operação plástica realizada por ele. Assim como em duas ocasiões anteriores, em 1993 e 1994, a mulher detalhava a reclamação em um documento sigiloso de próprio punho. Porém, a exemplo dos casos anteriores, o Cremesp decidiu pelo arquivamento da queixa. Nem tudo, no entanto, foi derrota: o filho de Dona Amália e Seu Jorge foi aprovado como membro titular do Colégio Brasileiro de Cirurgiões, uma das mais seletas e respeitadas instituições de medicina no país, fundada em 1929, que reúne a elite dos profissionais.

Faltavam exatos 30 dias para 1998 terminar quando uma viatura do 9º Batalhão da Polícia Militar foi destacada, ainda pela manhã, para atender a uma ocorrência na clínica da Rua Alfredo Pujol. No interior do conjunto 5 do prédio estavam Farah, autor da ligação, e suas secretárias. Do lado de fora, Maria do Carmo Alves insistia para que abrissem a porta para ela.

Representante do médico em causas imobiliárias, a advogada Maria de Fátima Casimiro foi chamada por seu cliente para ajudar a administrar uma situação sobre a qual Farah já havia se queixado. Meses antes, o cirurgião lhe consultara sobre como agir diante da pressão de uma ex-paciente e ex-amante que telefonava sem parar e aparecia sem avisar em seu consultório. Até a manhã daquele 1º de dezembro, Maria de Fátima só sabia o primeiro nome da mulher. Ao se aproximar da entrada do edifício de Santana, avistou uma pessoa que presumiu ser a causadora da confusão. A advogada quase caiu para trás. Procurou um orelhão e telefonou correndo para o consultório, perguntando para a secretária se aquela senhora se chamava Maria do Carmo, protagonista do tumulto. Era a própria: Maria do Carmo Alves, esposa de um outro cliente seu, João Augusto de Lima.

Em segundos, um filme passou na cabeça da advogada Maria de Fátima. Ela lembrou o motivo da ação de despejo em que atuou em favor de João. O proprietário da pensão na qual o cearense e a mulher viviam queria que eles deixassem o lugar, alegando que a pernambucana arrumava encrenca com os outros inquilinos. Ainda atônita, a advogada usou seu conhecimento de causa para tentar acalmar os ânimos. Abordou Maria e argumentou que seria melhor ela ir embora, para que a situação não respingasse em seu casamento. Não adiantou.

Foram todos para a 13ª Delegacia de Polícia, da Casa Verde, escoltados pelos agentes. Saíram de lá com o Boletim de Ocorrência 8110/98 lavrado. Segundo o documento, os PMs foram informados – não é especificado por quem – que a vítima, Farah, e a autora tiveram um "relacionamento amoroso de forma espúria, visto ser a mulher casada, em união estável há 17 anos, aproximadamente, e o varão, solteiro". Ainda segundo o BO, "consta que, por vontade do casal, o relacionamento foi interrompido, e a mulher inconformada tem sistematicamente ameaçada *(sic)* de morte por telefone, porém hoje foi até o local dos fatos onde trabalha o varão e o ameaçou verbal e pessoalmente. Vítima orientada quanto ao procedimento judicial cabível". Farah tinha, a partir dali, meio ano para informar se queria dar seguimento à ação criminal para que o processo andasse.

Ao que parece, o susto serviu para apaziguar o turbulento vínculo. No começo de 1999, os binas, aparelhos identificadores de chamadas que Farah mantinha em todas as suas linhas, deixaram de mostrar ligações de Maria do Carmo. Mas a maré de problemas seguia subindo. O ritmo de trabalho foi diminuído à força: um gânglio surgiu na região próxima à coluna do médico. A análise do material revelou tratar-se de um caso raro de schwannoma maligno, um câncer do sistema nervoso periférico. A cirurgia para a retirada do carcinoma deixou sequelas: uma cicatriz que não fechava e uma falta de equilíbrio para caminhar, resolvida com o uso de um cajado. No meio do ano, o telefone voltou a agitar a vida de Farah. Se por um lado os binas passaram novamente a registrar ligações da ex-paciente, por outro, uma ligação trouxe uma boa novidade para o médico.

De Israel, ressurgia uma amiga de mais de 20 anos, Alaíde Levi. Os dois se conheceram nos cultos da Igreja Adventista, quando ela ainda era casada e vivia em São Paulo. Há anos não mantinham contato. Alaíde avisava que viria ao Brasil visitar os pais e que procurava um local para se hospedar até que a filha se juntasse a ela. Farah ofereceu abrigo e, durante as conversas, começou a rolar um clima. Em julho, ela chegou e ficou no país por um mês. Embarcou de volta, deixando Farah desolado. Dias depois, o cirurgião foi atrás dela, em Israel. Em setembro de 1999, os dois aterrissaram em São Paulo e se mudaram para o quarto do médico na casa de Seu Jorge e Dona Amália. A namorada passou a acompanhá-lo na clínica, ajudando em consultas e procedimentos. O casal não se largava.

Os telefones da clínica, do apartamento que havia comprado na Rua Salete e da casa de Seu Jorge e Dona Amália voltaram a receber chamadas, de dia e de noite, sempre dos mesmos números, um fixo e um celular, que Farah afirmava serem de Maria do Carmo. O prazo legal de seis meses para que o médico abrisse uma representação contra a ex-amante estava perto do fim. Farah tornou a pedir ajuda à advogada Maria de Fátima. Em nova tentativa de resolver a situação, autorizada pelo cliente, mandou dois telegramas para João Augusto de Lima, com uma semana de espaço entre um e outro. "Favor entrar em contato urgente para tratar de assunto de seu interesse relacionado a comportamento anormal de sua esposa", diz um dos textos, enviados ao apartamento do casal, na Rua Pedro Arbues, no bairro da Luz. O protocolo dos Correios, comprovando o recebimento da correspondência, foi assinado por uma certa Marina Barros, nunca identificada. A advogada conta que João não entrou em contato. Muito pelo contrário. Quem teria ligado foi Maria do Carmo. Segundo Maria de Fátima, depois de questionar por que estava envolvendo João na história, ela se comprometeu a deixar de procurar Farah. Mas isto não aconteceu, de acordo com os autos policiais.

No dia 21 de setembro de 1999, o médico revisitou a 13ª DP para registrar um termo circunstanciado, acrescentando informações ao BO 8110/98 – aquele da ocasião da confusão no consultório, quando ambos foram parar na delegacia. No documento, ele declarava que Maria do Carmo lhe telefonara na véspera e o ameaçara de morte. O cirurgião decidiu, então, levar o caso a instâncias superiores. Em 24 de setembro, foi aberto na Segunda Vara do Juizado Especial Criminal de Santana o processo 572/99, no qual Maria do Carmo aparece como autora de perturbação da liberdade individual. Farah é a vítima. A advogada que o representou na ação foi Angélica Homsi Galesi, uma de suas sobrinhas, filha de Maria, sua irmã.

A pedido da advogada, as secretárias do consultório, Rosângela Rosa da Silva e Ernestina Leal do Nascimento, a paciente Luciana Laureano Márquez e o PM Euro Cícero de Sá foram chamados a testemunhar. Os quatro confirmaram para o então delegado da 13ª DP, Sander Malaspina, os insistentes telefonemas, que bloqueavam as linhas telefônicas da clínica. Acompanhante da mulher, que realizava uma série de tratamentos com o cirurgião, Euro Cícero disse ter visto o número que o bina mostrava como chamador e o desgaste que a situação provocava nas atendentes. Farah também foi ouvido no distrito e repetiu o que relatara anteriormente.

Intimada a falar diante do delegado Malaspina, Maria do Carmo deu sua versão dos fatos em 11 de janeiro de 2000.

O resultado da conversa, cuja transcrição é assinada por Maria do Carmo, é a única declaração da pernambucana que comprova a natureza da relação entre ela e Farah.

> *"Conheceu a pessoa de FARAH JORGE FARAH em seu escritório, na Rua Alfredo Pujol nº 84, Santana, sendo que ambos passaram a manter um relacionamento amoroso, o que perdurou – por cerca de um ano. Após este período, ocorreu a separação do casal, por parte de Farah. A declarante informa que, de uns tempos para cá, vem recebendo telefonemas em sua residência, inclusive durante o horário de repouso noturno, sendo que às vezes o telefone toca e ninguém fala nada, outras vezes pessoas dizem que 'vão até a sua casa com a polícia'. Em virtude disto, tendo em vista que a declarante acha que os telefonemas estão partindo do consultório do Dr. Farah Jorge Farah, eis que a declarante também telefona para o consultório do mesmo, tentando conversar com Farah, porém este não atende. Que a declarante já telefonou várias vezes para o consultório de Farah, porém assim o fez em virtude de que está recebendo tais telefonemas. Nada mais. Lido e achado conforme, vai devidamente assinado."*
> Maria do Carmo Alves

O conceito dos tribunais especiais criminais é julgar infrações menores de maneira mais ágil, reparando rapidamente a vítima. Só que agilidade, ainda mais nos primórdios da internet, não era exatamente um predicado da Justiça. Portanto, entre a abertura e desfecho desta ação, muita água rolou debaixo da ponte.

Enquanto os depoimentos para o processo eram tomados, dois gânglios surgiram numa área próxima ao primeiro câncer de Farah, que voltou a ser operado. Novamente, o médico enfrentou problemas com a cicatrização. Só que essas não foram as únicas encrencas do período. Preocupada com o casal de filhos adultos que deixou em Israel e cansada das ligações de Maria do Carmo, Alaíde fez as malas e embarcou para a Terra Santa, em março. Ela mesma contou os detalhes do romance em depoimento em fevereiro de 2006, ao ser solicitada através de carta precatória. Acabou-se o que era doce. Em entrevista à "Época", Farah lamentou: "Minha maior dor foi quando Alaíde foi embora; vivíamos como em um conto de fadas, transbordando ternura. Cria que era o sonho concretizado. Uma ferida que não cicatrizou".

Farah mergulhou numa depressão e recorreu aos estudos para escapar da dor de amor. Mais que isso: traçou um plano de vida. Passou a estudar a história de Israel, a frequentar cursos sobre o país e a fazer lições de hebraico. Pretendia se mudar para lá, levando os pais. Ele dizia aos conhecidos que chegou a se converter ao judaísmo messiânico, uma polêmica vertente da religião que acredita que Jesus Cristo era o Messias. Em uma entrevista para a "IstoÉ", em 2013, revelou inclusive que teria sido circuncidado.

A audiência final do caso no qual Maria do Carmo aparecia como autora e Farah como vítima aconteceu em 6 de abril de 2000. Angélica, a advogada e sobrinha, apresentou as contas telefônicas do médico, que não listavam ligações para Maria do Carmo. A promotoria sugeriu, então, um acordo entre as partes: Maria do Carmo, representada por um defensor público, deveria arcar com uma pena de multa de R$ 46 (R$ 237, atualizados pelo valor do IGP-M de dezembro de 2020), depositados em favor de uma instituição de caridade, a Projeto de Incentivo à Vida. Em contrapartida, a punibilidade seria extinta e a ocorrência, retirada dos registros criminais. Relutante a princípio, Farah aceitou. Maria do Carmo arcou com o pagamento da multa e, em maio, o tribunal expediu certidão encerrando o caso. A partir dali, o processo deixava de constar dos registros criminais públicos. A vida seguiu.

"Pode ser essa história de que o corno é o último a saber. Mas hoje, 17 anos depois, eu digo que nunca tive certeza se eles tiveram um caso. Com pureza d'alma. Continuo sofrendo todos os dias, esse tempo todo. Meu coração nunca mais foi o mesmo. Tive até que colocar um marca-passo e consultar psicólogos. Me casei outras duas vezes, mas não houve um momento em que me esquecesse dela", disse João, com os olhos miúdos cheios de lágrimas, em entrevista para este livro.

O ano de 2001 estava na reta final quando Farah voltou à 13ª DP. A razão da visita foi registrar um novo BO (9454/01), em que relatava receber, há dois meses, ligações de conteúdos ameaçadores em todos os seus telefones: celular, residenciais e profissionais. Diferentemente do episódio anterior, não mencionou quem seria o autor das ligações. Relatou apenas que o interlocutor dizia que ele iria "se ferrar".

No dia seguinte ao aniversário de 2002 de Maria do Carmo, 2 de março, o médico procurou a 36ª Delegacia de Polícia, da jurisdição do bairro de seus pais, Vila Mariana. Abriu mais um boletim de ocorrência (1288/02) por crime de ameaça e perturbação da tranquilidade. Repetiu a história das chamadas incessantes desde outubro do ano anterior e acrescentou dois detalhes: o número de um celular que aparecia em seus aparelhos de bina e a voz que alertava sobre o perigo que sua vida corria. Segundo o documento, um homem afirmava que "a casa ia cair, logo, logo".

A esta altura do campeonato, o esgotamento emocional de Farah já era visível: ele não escondia de ninguém que se sentia constantemente observado. Passou a ter atitudes estranhas como levar restos de comidas, embalagens e outros detritos para serem jogados na lixeira da casa da irmã e a andar abaixado no banco dos carros quando pegava carona. Nessa época, Angélica teria confiscado do consultório do tio um revólver 38 da marca Rossi, de cinco balas, registrado em nome do médico, que possuía porte de arma regularizado.

Pelo acontecimento a seguir, os nervos de Maria do Carmo também andavam à flor da pele. Um BO de 10 de março daquele ano a colocava no centro de outra confusão. Protocolado por um oficial da PM na 12ª DP (Pari), o relato descreve um imbróglio que começara quando João Augusto teria dado ré em seu velho Fusca bege e encostado na perna de uma vizinha, que atravessava a rua onde moravam. O acidente não provocou maiores consequências físicas e os dois se entenderam. Porém, o evento teria desencadeado uma discussão entre Maria do Carmo, a filha da vítima e uma outra vizinha. Ofensas teriam sido disparadas de ambos os lados. "Maloqueira", teria dito a pernambucana. "Prostituta", teria devolvido a outra. Segundo o documento, a briga descambou para dentro do prédio, com a mulher de João ameaçando buscar um revólver. O PM anotou também que o cearense afirmara que o tumulto se deu por questões corriqueiras, mas que Maria do Carmo estaria com a saúde abalada, o que a levava a tomar o calmante Diazepam.

Em abril de 2002, Farah fez mais um BO. Na mesma 36ª DP, o médico reclamou novamente de perturbação de tranquilidade. Desta vez, assinalou um número de telefone fixo como origem das muitas ligações que impediam o recebimento de outras chamadas profissionais. No boletim ele dizia desconfiar de que a autora seria Maria do Carmo Alves.

Àquela altura, a pressão das ligações não era a única perturbação do médico. Em 25 de abril, pacientes procuraram a unidade Santana da Vigilância Sanitária para registrar uma denúncia contra a clínica. As reclamações eram todas parecidas. Quatro mulheres operadas pelo cirurgião se queixavam da falta de condições do imóvel para a realização de procedimentos cirúrgicos longos, da ausência de anestesista e de enfermeira; ele estaria fazendo tudo sozinho durante o ato cirúrgico. As identidades das quatro pacientes foram mantidas em sigilo.

Coincidência ou não, no dia seguinte Farah estava de volta a uma delegacia, a 36ª. Em 26 de abril, prestou queixa de injúria e ameaça contra Ana Maria Teixeira de Matos e Maria da Graça Amaro, ex-clientes, amigas e vizinhas em um condomínio de Santana. No documento, narrou que teve um caso com Ana Maria, a quem tinha operado, e que ela ficara inconformada quando deu um ponto final ao relacionamento. Segundo o médico, Ana Maria teria passado a alardear que "era um mau profissional e deixa cicatrizes nas cirurgias e que transmite doenças às pacientes, como se aproveita da posição para assediá-las sexualmente". Sobre a outra ex-cliente, Maria da Graça, as informações narradas por Farah no boletim dizem que ela ficara insatisfeita com o seu trabalho: "Não estava contente com a cirurgia porque queria uma prótese maior e que iria operar com outro médico e que os honorários hospitalares e material cirúrgico seriam pagos por sua pessoa e ameaçou ainda dizendo que iria processá-lo em juízo e que divulgaria tal fato na televisão". Farah finalizou a narrativa dizendo que Ana Maria quitou seus préstimos e que Maria da Graça pagou apenas a primeira parcela.

Na tarde do dia 8 de maio de 2002, uma equipe da Vigilância Sanitária apareceu de surpresa na clínica. Farah estava atendendo quando a secretária bateu à porta de sua sala e informou que dois médicos e uma enfermeira do departamento da Secretaria Estadual de Saúde queriam inspecionar o lugar. Conforme os técnicos listavam as irregularidades, Farah se descontrolava. Ao ouvir que a clínica seria parcialmente interditada (as salas de cirurgia e esterilização estavam, a partir daquele momento, proibidas de funcionar), o médico começou a fotografar os profissionais e a repetir que se mataria quando eles saíssem. Depois de muita insistência, o cirurgião soube que a blitz tinha sido consequência da delação de pacientes, que pediram anonimato.

A ideia de quem o teria denunciado tornou-se um tormento a mais. Em diversas ocasiões, Farah repetiu que tinha certeza de que Maria do Carmo estava entre as ex-clientes que queriam o seu mal. Na tentativa de desvendar o mistério, recorreu a antigos conhecidos da Secretaria de Saúde para ver se alguém revelava a autoria das queixas. Não teve sucesso.

A impossibilidade de operar em sua própria clínica e os constantes telefonemas pareciam um fardo pesado demais para o médico carregar. Precisava solucionar pelo menos um dos problemas. Foi em busca da advogada Maria de Fátima Casimiro e mostrou uma lista de telefonemas registrados pelos identificadores de chamadas dos aparelhos do consultório: só em 10 de junho, um mesmo celular pré-pago da antiga Telesp foi usado para mais de 800 ligações, além de outras chamadas feitas de um telefone fixo.

A solução legal encontrada pela advogada foi protocolar uma medida cautelar na 8ª Vara Cível do Foro Regional de Santana, expondo as ligações, os BOs lavrados, o prejuízo que as linhas congestionadas estariam causando à clínica e o estresse emocional que a situação gerava. Maria de Fátima solicitava ao juiz ordenar que as companhias telefônicas informassem a(s) identidade(s) dos donos das linhas de onde vinham as chamadas. O pedido foi indeferido, por ser considerado uma ação criminal. Assim, em 26 de agosto de 2002, o juiz da Vara Criminal de Santana recebeu uma medida cautelar de teor bem parecido, acrescida de um esclarecimento: Farah só conseguiria resguardar sua integridade física se conseguisse o nome de quem o ameaçava, o que só poderia ocorrer se a Justiça autorizasse a quebra dos sigilos telefônicos dos números registrados nos binas.

A informação demorou mais de um ano. Tarde demais. Apenas de janeiro a setembro de 2002, dos telefones usados por Maria do Carmo partiram 26.458 chamadas para Farah e para a casa de seus pais. "Nessa época, os aparelhos do apartamento do casal eram desligados da tomada para que os dois pudessem dormir", conta uma pessoa que frequentava a casa.

Maria da Graça Amaro, uma das clientes citadas pelo médico no BO de abril de 2002, cumpriu o que ele considerava uma ameaça no documento: em 9 de outubro daquele ano, ela entrou com uma ação indenizatória e reparadora contra Farah, na qual pedia R$ 155 mil (o equivalente em 2021 a cerca de R$ 670 mil). No documento de 15 páginas redigidas por seu advogado, a modelista não resumia sua queixa ao resultado insatisfatório de três cirurgias, que a teriam levado a fazer mais três intervenções reparadoras com outro profissional. Maria da Graça acusava o médico de praticar abuso sexual durante as operações, aproveitando-se do efeito da anestesia. Segundo ela, após uma das cirurgias, sentiu um ardor na vagina, levando-a a questionar o médico. A resposta teria sido tratar-se de sonho ou desejo dela. Maria da Graça relatou que, diante da sua insistência, Farah a teria ameaçado com uma arma de fogo. No mesmo documento, sustentou que outras clientes também tinham sido molestadas e que poderiam depor. O processo passou a correr em segredo de justiça na 16ª Vara Cível do Fórum Central João Mendes.

O número de vezes em que se via envolvido com advogados, delegacias, polícia e tribunais levou o médico a tomar uma decisão: cursar uma faculdade de direito. Em novembro de 2002, ele se inscreveu no vestibular para a Universidade Paulista (Unip). A única boa-nova no fim daquele ano para o médico ocorreu em 4 de dezembro. A Vigilância Sanitária deu um novo alvará permitindo que a clínica voltasse a funcionar, desde que realizando apenas atos cirúrgicos com anestesia local. Logo vieram o Natal, o réveillon e a festejada posse do novo presidente da República, Luiz Inácio Lula da Silva, dando um fim a dois mandatos de seu antecessor, Fernando Henrique Cardoso. Mas o verão estava abafado. Sufocante.

No dia 19 de janeiro de 2003, Dona Adelice e Seu Amaro receberam a visita de Maria do Carmo e do genro João Augusto para um domingo em família. A filha contou que, depois de muito economizar, eles tinham comprado móveis novos para o apartamento em que viviam desde que saíram da pensão. Maria cuidava da casa com o mesmo zelo com que tratava do corpo, o que levou a outra novidade confidenciada naquele encontro. Só que, desta vez, Dona Adelice não gostou do que ouviu: Maria disse que havia marcado uma lipoaspiração com Farah para a sexta-feira seguinte, 24 de janeiro. Em maio de 2020, a lavradora aposentada, de 82 anos, recordou o diálogo:

– Maria, minha filha, não faz isso. É perigoso.

– Ele é religioso, mãe. Uma boa pessoa, evangélico. Vai ser rápido. Na mesma noite volto para casa.

Dona Adelice não conseguiu convencer Maria do Carmo a mudar de ideia. Mas não discutiram. Pelo contrário. Combinaram de alterar a rotina e, no domingo seguinte, 26 de janeiro, almoçar no apartamento do casal, na Luz. Assim poderiam conferir a decoração e a nova forma do corpo da primogênita. Os pais não voltariam a ver Maria com vida. "Esse homem não matou só a minha filha. Acabou com toda a minha família. Meu marido nunca se recuperou. Teve uma depressão que o levou à morte", diz hoje a sofrida Dona Adelice.

4
FIM DE SEMANA MACABRO

Sexta-feira, 24 de janeiro de 2003

O horário de verão deixava o dia ainda escuro quando Farah abriu a porta da clínica, pouco antes das 6h30. As nuvens que carregavam o céu também não colaboravam, impedindo a passagem dos raios do sol recém-nascido. Apoiado no cajado, o médico de 53 anos acendeu as luzes e repassou os compromissos agendados pelas secretárias para o dia, véspera do feriado do aniversário de 449 anos de São Paulo. Caminhou até a sala de cirurgia e conferiu se estava em ordem para a intervenção marcada para as 7h. Tudo ok. Resolveu esperar a paciente sentado na cadeira giratória de couro bege de seu consultório, um dos 15 pequenos cômodos do lugar. A decoração do ambiente não primava exatamente pelo bom gosto: duas paredes revestidas de espelhos de tons diferentes refletiam as demais, cobertas por mais de 40 diplomas de cursos de extensão, participações em seminários e congressos. Uma vitrine de conquistas.

A auxiliar de limpeza baiana Adenilda Oliveira chegou 20 minutos depois do combinado, acompanhada pelo marido. Desculpou-se pela demora, que atribuiu à chuva e ao trânsito pesado. Farah pediu que Herculano Oliveira aguardasse o procedimento na recepção e acompanhou a paciente até um vestiário, para que trocasse as roupas pelo avental hospitalar.

Já na sala de operações, iniciou os serviços. Com uma caneta, passou a demarcar o busto, área do corpo a ser alterada. A experiência de mais de três mil cirurgias o levou a notar o nervosismo da jovem de 27 anos.

– Quer desistir? – perguntou, com sua voz anasalada.

As constantes dores nas costas, consequência do grande volume dos seios, levaram Adenilda a enfrentar o medo. Farah pediu então que a moça se deitasse na maca e esperasse enquanto ele colocava o traje cirúrgico. Logo retornou, segurou as mãos de Adenilda e rezou em voz alta. Só depois aplicou o medicamento anestésico numa veia do dorso da mão e pegou o bisturi.

Quase ao mesmo tempo, a poucos quilômetros dali, João Augusto de Lima dava expediente na portaria da Transportadora Minas Goiás, no Canindé. O cearense já estava no trabalho há algumas horas quando o telefone da empresa tocou. Era sua mulher, Maria do Carmo, que ainda dormia quando ele saiu, antes das 6h:

– João, estou indo no banco para pagar umas contas. De lá vou ao ginecologista, às duas da tarde. O pessoal do seguro-saúde deve estar achando que estou maluca. Peguei duas guias de médico para consultas hoje. Seis horas tenho a lipoaspiração com o doutor Farah. Você pode me levar lá?

– Hoje não vai dar, Maria. O rapaz que trabalha comigo não veio e preciso cobrir o horário dele. Você disse que a cirurgia é simples e que pode voltar de ônibus, né?

Maria concordou com o marido. Antes de se despedirem, combinaram um encontro na Igreja Evangélica Pentecostal Novo Viver, que frequentavam nas noites de sexta-feira. "Eu costumava largar sempre às sete da noite e ia direto para o culto, onde a Maria estava me esperando. Lá pelas dez voltávamos juntos para nossa casa", lembra João, 17 anos depois. Nesta entrevista, ele revelou que os dois estavam animados com a perspectiva de adotar uma criança. Faziam planos de criar o filho de um sobrinho.

Após três horas de cirurgia, Farah conduziu Adenilda para a sala de recuperação. Ela foi recebida com um copo d'água oferecido pela secretária do turno da manhã, Eliete Maria de Jesus Santos, que chegou ao trabalho no horário de sempre, às 8h30.

– Doutor, a Maria do Carmo já telefonou.
– Fala que estou operando.
– Já disse, mas ela avisou que vai ligar de novo.
– Tira os aparelhos do gancho e só coloca de volta quando eu sair.

Antes de partir para os compromissos vespertinos, o médico alertou a Eliete que, caso Maria do Carmo voltasse a telefonar, informasse que ele tinha saído e só retornaria no fim da tarde. Ainda do consultório, Farah ligou para a portaria e orientou José Hamilton Santos que, quando a pernambucana chegasse, a encaminhasse ao salão de visitas do edifício. Apesar da pouca distância entre a clínica e o prédio onde morava, na Rua Salete 320, o cirurgião pediu uma carona a Adenilda e Herculano. Antes de embarcar na Brasília do casal, parou para fazer uma ligação de um orelhão. Mais tarde se soube que o telefonema tinha sido para Maria do Carmo.

Perto das 13h, a ex-doméstica teria tocado o interfone do prédio da Rua Salete. Minutos depois, Farah entrou a pé pela garagem. O funcionário que relatou os fatos não reparou se os dois chegaram a se encontrar, nem viu Maria do Carmo deixar o lugar. "Cheguei correndo, peguei meu carro e fui para a Sociedade Brasileira de Cirurgia Plástica. Sempre me cubro, se alguém verificar, eu dirijo com a mão esquerda e me cubro com a direita. Fui para a Sociedade. Foi a coisa mais gostosa que aconteceu, aquele almoço", disse Farah no julgamento de 2008.

Farah adorava os almoços semanais da entidade, no bairro do Pacaembu. Era uma oportunidade de conversar com seus pares, ter acesso a publicações estrangeiras, saber das novidades. Aquele seria particularmente especial. O médico estava animado para dividir com os colegas o artigo que tinha escrito para o jornal da instituição, "Canibalismo x Corporativismo". No texto de duas laudas, fazia uma reflexão sobre a exploração dos erros médicos pela própria classe: "O médico não tem mais o direito de se portar como humano, ter sentimentos e idiossincrasias, deve ser sempre um sacerdote – herói, super-homem (ou supermulher), tem sempre o dever de obter excelentes resultados (ainda que estes sejam alcançados, há sempre os clientes pós-insatisfeitos, mesmo sendo advertidos das eventualidades) e, mesmo assim, será considerado mero 'prestador de serviços'...". Farah gostou da reação que disse ter notado na plateia. "Escrevi o artigo e dei para a sociedade, na pessoa do doutor Luiz Carlos Celi Garcia *(então presidente da instituição)*. Ele achou excelente", contou mais tarde no mesmo depoimento à polícia.

Hora de ir embora para o próximo compromisso. Farah se sentou ao volante de seu Daewoo Espero, ano 1994, e se dirigiu para a unidade Vergueiro da Universidade Paulista (Unip). Por volta das 15h, na secretaria da instituição, entrou com um requerimento de bolsa de estudo para o curso de direito, no qual fora aprovado no vestibular. Preencheu a papelada calmamente, com seu garrancho de médico, declarando morar no endereço de Dona Amália e Seu Jorge, de quem ele afirmava ser seu único provedor. No pedido de abono da mensalidade relatou ainda que estava aposentado por invalidez e que sua renda mensal, somada à dos pais, era de R$ 2.300 (cerca de R$ 7.940 em valores atualizados pelo IGP-M). Anotou os telefones do lugar, o nome das funcionárias e a lista de documentos exigidos para a matrícula.

Perto das 17h, voltou a Santana. Estacionou na garagem do prédio da Rua Salete e caminhou os 130 metros até o consultório apoiado no cajado. Ao chegar, encontrou a secretária Érica dos Santos, que trabalhava entre 13h30 e 18h30, assustada. Desde as 15h Maria do Carmo ligava: "O Farah voltou?", "A Eliete ainda está aí?". Numa das vezes, a ex-doméstica informou que talvez chegasse antes das 18h30, ou seja, mais cedo do que tinha combinado com o cirurgião.

A informação do compromisso pré-agendado foi repetida em outro telefonema, no qual Maria do Carmo questionou se Érica estava sozinha e a que horas sairia. "Respondi que estava com minha filha de 7 anos e que eu só iria embora quando o doutor Farah me liberasse". A paciente insistiu e perguntou se a secretária permitiria a sua entrada, porque havia a oportunidade de uma carona. Érica se desculpou dizendo que não tinha permissão para isso. "Eu aguardo na escada", teria replicado Maria do Carmo.

O conteúdo de todos os diálogos foi reproduzido pela secretária para o médico, assim que ele chegou. Faltavam ainda uns minutinhos para as 18h quando um dos telefones da clínica tocou. Era Dona Amália, querendo saber se o filho iria mesmo para sua casa, como havia combinado, comemorar com a família o resultado do vestibular. Ela tinha preparado uma pizza.

– Vou demorar – respondeu Farah.

Liberada pelo patrão meia hora antes do término do expediente, Érica e sua filha desciam saltitantes as escadas, prontas para começar o fim de semana. Nos últimos degraus, se depararam com um motoboy entrando a pé no edifício. O rapaz levava um envelope com documentos do Banco de Boston que precisavam ser assinados pelo médico. Os três subiram, esperaram Farah assinar a papelada e saíram. As marquises dos prédios vizinhos à clínica estavam cheias de gente em busca de proteção para a chuva que insistia em cair. A criança reparou em uma senhora de cabelos tingidos de louro, que só viria a saber de quem se tratava dali a alguns dias, quando assistia ao noticiário na televisão.

A partir deste momento, só duas pessoas souberam exatamente o que aconteceu naquele consultório – e uma delas não sobreviveu para contar. A outra passou o restante de seus dias repetindo versões semelhantes, em depoimentos no inquérito policial e nos dois julgamentos que enfrentou, em 2008 e 2014. Justificaria as contradições no curso dos processos sempre com o argumento de que perdera a consciência momentos antes do crime até o dia seguinte.

Farah não estava sozinho nem há três minutos quando o interfone tocou. Era Maria do Carmo.

> *"Eu estava tão confiante que havia sido aprovado no vestibular de direito da UNIP que fui lá e abri a porta...*
> *Ela disse: 'Vim ter uma conversa civilizada'.*
> *Eu falei para ela parar de ligar, parar com isso. Porque eu*

*iria sair do país. Eu iria para a Jordânia e de lá para o sul de Israel. Você vai parar de perturbar os meus pais...
Daí ela me mostrou uma faca.
Vou acabar com a tua vida, com a vida do teu pai e da tua mãe, aquela vaca.
(...)
Me defendi com a bengala, não sei como. Eu estava de manga comprida, paletó...
Estávamos a cerca de um metro um do outro...
(...)
Fui com o intuito de tomar a faca da mão dela. Para segurar as mãos dela...
Veio uma força muito grande, uma adrenalina.
Eu a empurrei e ela bateu na parede. Qual foi a sequência, não sei.
Daí pra frente a gente se engalfinhou.
Eu tirei a faca da mão dela e logo em seguida eu cravei a faca aqui (na base direita do pescoço - aponta).
Daí minha memória dá um apagão."*

O relato acima foi feito por Farah em seu segundo julgamento, em 2014. Ele sempre atribuiu a um "apagão" sua falta de memória para o que aconteceu nas horas seguintes.

Sentado no banco da Igreja Pentecostal desde 19h40, João dividia a atenção entre a pregação do pastor e a porta do templo. Aguardava a chegada da mulher a qualquer minuto. Nada. No apartamento, Maria do Carmo também não estava. Ele tinha passado por lá antes de ir para a celebração e só encontrou sobre o fogão um prato de bife, arroz e feijão, além do telefone celular, um pré-pago que ainda nem tinha sido quitado – e que ela deixava em casa com medo de roubo. A comida preparada com antecedência devia ter sido uma precaução, caso demorasse na visita ao médico, imaginou.

O cirurgião fez duas ligações depois das 20h. Em uma, conversou calmamente com a sobrinha, a advogada Angélica Homsi Galesi. Os dois falaram da rescisão do contrato de trabalho de uma secretária que havia pedido as contas, Rosângela Rosa da Silva.

– Você vai almoçar na mamãe amanhã? – indagou a advogada.

– Provavelmente.

– Então leva o carimbo com o CNPJ da clínica, porque estou precisando.

Antes de se despedirem, Angélica recomendou ao tio que não ficasse desacompanhado em Santana. Na chamada seguinte, Farah avisou para Dona Amália que tinha decidido dormir no apartamento da Rua Salete. A mãe não achou boa ideia:

– Sempre me preocupo com você sozinho.

– Não se preocupe, mãe. Estou bem – respondeu.

Às 21h45 João voltou para casa procurando Maria do Carmo. "Achei muito estranho de novo. Ela nunca tinha sumido. Sempre me esperava chegar do trabalho. Não costumava marcar coisa alguma para aquele horário". João andava de um lado para outro, espiava pela janela. Nada. O relógio passava das 23h e ele decidiu telefonar para a sogra. Dona Adelice se assustou: desde que soube da lipoaspiração pressentia algo de ruim. Achava um risco desnecessário, coisa de vaidade, o que tinha repetido para a filha pela manhã, quando as duas se falaram.

João se sentou. João se levantou. João se deitou. Não pregou os olhos, tentando entender onde Maria do Carmo poderia estar. À uma da manhã, angustiado, discou 190 e pediu informações para dar queixa do desaparecimento da mulher. Foi orientado a esperar por mais um tempo: ainda era cedo para registrar uma ocorrência.

Sábado, 25 de janeiro

Como faziam religiosamente aos sábados, Dona Amália e Seu Jorge se preparavam para ir à cerimônia matinal de adoração na Igreja Adventista do Sétimo Dia, em Moema. O telefone do apartamento do casal tocou quando o sol nem tinha raiado. A senhora de 78 anos atendeu e estranhou o que o filho dizia. Nem tanto pelo pedido àquela hora da manhã, mas pelo tom de aflição. Farah insistia que ela mudasse a programação e fosse ao seu encontro na clínica, imediatamente. Não explicou o motivo de tamanho destempero.

– Mãe, preciso da senhora. Preciso que ore por mim. Acho que Deus está magoado comigo.

A ligação está entre as primeiras coisas que Farah diz se lembrar depois de "despertar" em uma das cadeiras do consultório. Segundo sua descrição, sentia-se transtornado, como quem acorda de um pesadelo. "Isso é sonho ou verdade?", teria se perguntado. A dúvida, no entanto, durou pouco. Bastou olhar ao redor para se dar conta da realidade nua e crua. Era sangue por todos os lados, em meio a sacos de lixo pretos, cheios e fechados. O médico teria se aproximado e tocado, para tatear o conteúdo. "Senti que eram ossos. Falei: não é possível".

A iminência da chegada da mãe o fez correr. Com a ajuda de panos e produtos de limpeza, retirou da recepção qualquer vestígio do crime. Deu tempo para a faxina e ainda sobrou o suficiente para sofrer com a demora de Dona Amália.

Enquanto isso, depois da noite insone, João Augusto decidiu agir. Foi ao apartamento da vizinha Fabiana de Lima e perguntou quando ela tinha visto sua mulher pela última vez. A comerciária respondeu que as duas almoçaram juntas em sua casa, perto do meio-dia da véspera, e a pernambucana contou que sairia para uma consulta na parte da tarde. João pediu ajuda a um irmão e a um cunhado de Maria do Carmo, e os três iniciaram um angustiante périplo pelos hospitais da região. Nada. Partiram então para o Instituto Médico Legal, no bairro de Cerqueira César, próximo da Avenida Paulista e do Hospital das Clínicas – onde, aliás, Farah chegou a trabalhar. Nada.

Aos 82 anos, Seu Jorge dirigiu o Golf vermelho pelos dez quilômetros que separavam sua casa do consultório do filho. Como não podia abrir mão da responsabilidade como diácono da paróquia, deixou a mulher no prédio da clínica e seguiu para o compromisso de fé. Dona Amália subiu as escadas e encontrou Farah na recepção, aos prantos. Aflita, ela perguntou repetidas vezes:

– O que está acontecendo, meu filho? Por que você está assim?

Como resposta, mais lágrimas e súplicas de conforto.
- Fica sentada aqui. Quero colo.
Dona Amália abraçou o filho e oraram sentados em um dos bancos destinados aos pacientes e seus acompanhantes. O momento maternal só foi interrompido pela buzina do carro de Seu Jorge, de volta do culto.
- Vamos. Está na hora de irmos embora - disse Dona Amália.

Mãe e filho desceram as escadas, mas só ela entrou no Golf. O médico abriu o porta-malas e depositou ali os sacos pretos que trazia consigo, do interior da clínica. Pediu aos pais que esperassem uns instantes. Subiu novamente, para buscar outros embrulhos iguais, que guardou com os demais no bagageiro. Farah, então, assumiu a direção do veículo, como de hábito, e a família seguiu para o apartamento da Vila Mariana. Para o pai, ele parecia calmo.

O celular do médico tocou no trajeto.
- Doutor Farah, já estamos na estação Tietê do metrô - avisava Herculano, marido da paciente operada na véspera, confirmando que eles chegariam em breve ao consultório, como combinado no dia anterior, para que Adenilda tivesse o curativo trocado.
- Não me sinto bem e estou indo para a minha casa, com meus pais. Por favor, leve a sua esposa para lá.

No início da tarde, João Augusto decidiu prestar queixa do sumiço da esposa. Na sede da 12ª Delegacia de Polícia Civil, no Pari, bairro próximo do seu, o boletim de ocorrência 00576/2003 começou a ser redigido às 13h07. No documento, o cearense de Beberibe reportava que não tinha notícias de Maria do Carmo desde as 10h do dia anterior, quando se falaram por telefone pela última vez. Ele forneceu a descrição física da mulher: loura, olhos castanhos, 1,60m, magra e sempre com óculos de grau.

Às 14h, quando já estavam há algum tempo no amplo apartamento, chegaram Adenilda, Herculano e a filha do casal. Foram recebidos por Dona Amália. "Eles demoraram a encontrar a rua. Acho que com o nervosismo devo ter passado o endereço errado", lembrou Farah. Em um dos quartos, foi feito o cuidado pós-operatório, sem que a cliente notasse qualquer alteração no comportamento do médico. Menos de 15 minutos depois, a jovem agradecia e combinava um novo encontro para o dia seguinte, quando a faixa pós-operatória seria trocada por um sutiã cirúrgico.

Os Farah fizeram uma refeição simples preparada na véspera, um ato de respeito religioso que os adventistas praticam aos sábados. De acordo com a crença, a dieta leve – e, às vezes, o jejum – é uma forma de comunicação com Deus. Mas Farah não tocou na comida. No fim da tarde, por insistência da mãe, com sacrifício engoliu uma ameixa.

Já havia escurecido quando, por volta das 20h, ele pediu ao pai que o levasse ao seu apartamento na Rua Salete. Ao volante do Golf vermelho e com Seu Jorge no banco do carona, o médico entrou pela garagem e dirigiu até próximo à vaga de seu Daewoo preto. Manobrou, parando o Volkswagen de modo a colocar os porta-malas de ambos os carros um diante do outro, facilitando a tarefa que cumpriria: transferir os sacos pretos para o Daewoo. Findo o translado, Seu Jorge assumiu a direção do Golf e foi embora. Farah não subiu de imediato para o 26º andar. Caminhou até a portaria e perguntou se o zelador estava em casa.

Em seu pequeno apartamento, o zelador Antônio Roberto de Sousa se preparava para sair quando bateram na porta. Era o doutor Farah, do 262. A visita do morador não era exatamente uma surpresa. Ele costumava aparecer para papear, dividir a pizza que encomendara, tomar um cafezinho, o que fez, aliás, logo que entrou. Pediu também para usar o telefone e fez duas ou três ligações, enquanto Antônio trocava de roupa, em outro cômodo, para ir a uma festa. Ao voltar para a sala, o zelador encontrou o cirurgião transtornado, com lágrimas nos olhos.

– Por que o senhor está assim?

– Vou me matar. Não confio em mais ninguém.

Antônio tentou acalmá-lo, mas precisava sair. Alguns minutos depois, Farah encontrou na portaria o vigia Roberto Moraes e o porteiro Hailton Teixeira. "Ele estava abraçado a uma sacola grande, cheia de garrafas de plástico", lembrou Moraes. Para se servir da térmica de café dos funcionários, apoiou a saca em um balcão. Nesse momento, deixou evidente o rótulo de um dos vasilhames: água sanitária. "Ele estava com aparência de choro. Falou que queria se matar. Disse que se a sobrinha não tivesse pego a arma que havia com ele, tinha dado um tiro na cabeça", contou Hailton, em depoimento.

Amedrontado, pediu que o vigia o acompanhasse até o consultório na Rua Alfredo Pujol, a menos de uma quadra. No trajeto de dois minutos a pé não deu uma palavra sequer. Antes de subir as escadas do prédio da clínica, perguntou se mais tarde o rapaz poderia retornar para escoltá-lo novamente. Perto da meia-noite, três horas depois, o cirurgião ligou para Moraes avisando que podia vir ao seu encontro.

No percurso, pediu mais uma ajuda ao vigia. Precisava de material de limpeza. "Fomos até a copa *(da área de serviço do prédio na Rua Salete)*. Aí ele mesmo olhou os produtos, misturou cloro e desinfetante e começou a andar em direção ao carro. Perguntei se precisava de ajuda, ele recusou", depôs Moraes. Por uns 40 minutos, Farah limpou o interior do Daewoo e depois trancou o veículo. Perto da uma da manhã, finalmente, chegou em casa.

Longe dali, João continuava com sua aflição. O telefone não tocava. A chave não girava na porta. Nada de conseguir dormir.

Domingo, 26 de janeiro

Desde as seis da manhã, Farah entrava e saía de seu prédio na Rua Salete. Seu desespero e a agitação eram evidentes.

– Estou sendo perseguido. Minha vida acabou! – disse ao porteiro de plantão.

– Vou me jogar daqui de cima! Não quero cair em ninguém, não deixa ninguém passar – chegou a anunciar outra hora, pelo interfone.

Numa dessas idas de Farah à rua, as câmeras do serviço interno de segurança flagraram o médico empurrando um carrinho de supermercado, disponível na garagem do prédio, com uma sacola. Entrou com a bolsa em seu apartamento, lugar que transformara em uma grande caixa-preta. O imóvel estava há tempos com as janelas vedadas com plástico preto. Ele temia ser espionado, mesmo estando no

26º andar de um edifício que era uma agulha gigante em um palheiro de construções menores. Do breu do imóvel, falou ao telefone. Fez contato com uma paciente, uma cabeleireira a quem havia operado o abdômen dias antes. Pediu que ela fosse a seu consultório para retirar os pontos às 10h daquela manhã. A moça disse que só conseguiria chegar às 11h. Combinado.

João Augusto continuava em sua agonia, potencializada pela segunda noite insone. Fazia hora para ir ao último destino de Maria do Carmo que conhecia: a clínica de Farah. O cearense só não fora na véspera porque, até onde ele sabia, o médico não costumava trabalhar aos sábados, por conta da religião. Perto das 10 da manhã, ele partiu para Santana.

Antes das 11h, o interfone da sala 5 da clínica soou. Uma voz de homem atendeu.

– É o João, marido da Maria do Carmo. Preciso falar com o doutor Farah.

Silêncio. João insistiu algumas outras vezes. Sem sucesso, decidiu aguardar. Encostou por ali perto, pensando que o médico devia estar ocupado em algum procedimento. E a voz masculina que o atendeu poderia ser de outra pessoa. Cerca de meia hora depois, a paciente das 11h se aproximou da porta do prédio e avistou o cearense.

– O senhor vai se consultar com o doutor Farah? – perguntou a cabeleireira.

– Não. Só preciso falar com ele. Mas acho que não está.

– Está sim. Ligou mais cedo e combinou de encontrar comigo aqui. Disse que ia estar me esperando.

Dito e feito. Ao ouvir a voz da paciente pelo interfone, Farah apertou o botão que abria o portão. Solidária, Aparecida fez sinal com a mão para que o porteiro entrasse com ela. Ao ver o marido de Maria do Carmo surgir, pela escada, o médico pediu que a cliente o aguardasse na recepção, enquanto ele falava com João. Os dois homens cruzaram a porta de vai e vem que separava a sala de espera dos corredores internos da clínica.

Em seu consultório, Farah ofereceu uma cadeira a João, que sentiu as narinas arderem, por conta de um forte cheiro de água sanitária que empesteava toda a clínica. "Ele não olhou para mim. Não se sentou no lugar dele, mas ao meu lado, para não ter que me encarar", lembra o cearense.

– Doutor, minha mulher tinha hora marcada com o senhor na sexta-feira. Desde então, ninguém mais soube dela.

– Eu não a vi. Ela não esteve aqui – respondeu o médico, pegando um bloco de notas e uma caneta, em cima da mesa.

– Mas ela tinha horário com o senhor às 18h30 – insistiu.

– Já disse. Ela não esteve aqui. Posso lhe ajudar em mais alguma coisa? – com a vista baixa, o médico anotava um telefone. Errava, rabiscava, fazia uma bolinha com o papel e jogava no lixo.

– Não, só isso mesmo. Obrigado.

– Fica com o meu número e, qualquer coisa, me liga – e estendeu a folha onde enfim acertou o número de seu próprio celular.

João se levantou para ir embora, ainda zonzo com o cheiro do lugar e a falta de informação. O médico o segurou pelo braço e pediu que ele esperasse um minuto. Saiu da sala e voltou com um pano de chão molhado, que colocou aos pés do visitante.

– Pisa aqui, em cima disso. Com força, vai.
– Doutor, meu sapato está limpo, não precisa.
– Precisa porque o chão é branco.

Estranhando a atitude do médico, a quem disse só ter visto antes em 1998, na época da primeira cirurgia de Maria do Carmo, João foi embora poucos minutos depois de ter entrado. E voltou à estaca zero: não sabia mais onde procurar a esposa.

Atordoado com a visita inesperada, Farah atendeu a cabeleireira. "Ele estava nervoso, bem diferente das consultas anteriores. Sempre foi uma pessoa calma, que gostava de conversar. Mas, neste dia, não quis papo", relatou Aparecida, em depoimento à polícia em 2003.

Boa parte dos Farah tinha se reunido para o almoço de domingo na casa de Maria Farah Homsi. Dona Amália e Seu Jorge aproveitavam a ocasião para fazer uma visita ao genro, George Homsi, acamado. O encontro transcorria tranquilo até que a linha fixa de Maria tocou. A matriarca atendeu. Em questão de segundos, ela deixou cair o aparelho, em estado de choque. Uma das filhas de Maria e George, a promotora de vendas Tânia Farah Homsi, assustada, amparou a avó e pegou o telefone, sem saber quem estava do outro lado. Era seu tio Farah, dizendo algo que parecia sem pé nem cabeça:

– Eu matei a Maria do Carmo, eu matei a Maria do Carmo – repetia.

A frase que levou Dona Amália e Seu Jorge ao estado de

choque detonou um rastilho de pólvora. A 140 quilômetros dali, no balneário de Peruíbe, Sleman Farah, de 60 anos, participava de uma reunião no condomínio onde costumava passar os fins de semana. Sua então esposa, Maria do Carmo Camargo Farah, apareceu para avisar que ligaram da casa da Maria, pedindo que ele voltasse para a capital paulista, porque havia um problema com seu irmão. Sem noção da gravidade, Sleman ficou na reunião até o fim. Só depois iniciou a viagem de volta. Em casa, na Zona Sul paulistana, a sobrinha Angélica Homsi Galesi também foi chamada com urgência para ir à casa de sua mãe, Maria.

Em algum momento, entre os muitos telefonemas para a família, Farah interfonou para a portaria de seu prédio, pedindo que chamassem um táxi do ponto próximo.

– Não estou me sentindo bem, vou procurar um médico – justificou.

Dez minutos depois, um Vectra dirigido pelo motorista Rubens Mansano buscava o passageiro, que o aguardava com uma sacola.

– Vamos para o Lar Center Norte – disse, já no carro.

Em silêncio, eles rumaram para o shopping na marginal do Rio Tietê, distante pouco mais de três quilômetros. Farah pagou a corrida. E menos de uma hora depois retornava ao seu prédio, a bordo de outro táxi, já sem a bolsa que levara ao sair.

Quando Angélica chegou à casa da mãe, deparou-se com um clima de pânico. O assunto central da conversa era o único parente que não estava: Farah Jorge Farah. Discutiam sobre qual atitude tomar. Além de ter dito que matara a mulher que todos conheciam pelo menos de nome, o médico falou que escondeu o corpo no porta-malas de seu Daewoo, estacionado na garagem do apartamento em Santana. E insistia que a polícia fosse chamada. "Ele falou com meu tio Sleman, que caiu no chão, com uma crise nervosa. Eu peguei o telefone e pedi para o Farah ficar calmo. Ele falava que iria se matar, se jogar da janela, que havia matado a Maria do Carmo. Depois ligava e falava que aquilo era mentira. Não sabíamos se ele tinha cometido o crime ou não", relatou Angélica no processo.

Ninguém tinha certeza se ocorrera de fato um assassinato. Mas era inegável que o cirurgião estava vivendo uma crise nervosa abissal. Por isso, a primeira providência da família foi iniciar a busca por um psiquiatra. Chegaram a Antônio Hélio Guerra Vieira Filho, profissional do quadro clínico do Hospital Sírio-Libanês. Enquanto Tânia e Angélica iam buscar o médico, Sleman e a mulher rumavam para o apartamento de Santana, onde Farah estava desde as 17h10, sozinho e a contragosto. Tinha procurado pelo zelador, pedindo que lhe fizesse companhia até seu irmão chegar. Mas o funcionário do prédio não estava.

Sleman e a mulher encontraram uma cena triste no interior do apartamento 262. Completamente desequilibrado, Farah alternava pedidos de oração com desculpas e gritos de que pularia da janela. Numa tentativa de justificar o ato, no qual ninguém ainda conseguia acreditar, o cirurgião repetia que tinha tomado tal atitude porque Maria do Carmo Alves ameaçava a sua vida e a de Dona Amália.

Angélica, Tânia e o psiquiatra Antônio Hélio chegaram pouco depois. Farah pediu à sobrinha advogada que o acompanhasse até a garagem. Mas não havia a menor condição de saírem dali com o cirurgião naquele estado emocional. O psiquiatra tomou as rédeas da situação e iniciou uma avaliação. A noite caía quando o doutor Guerra disse que Farah precisava ser internado.

Mas, afinal, ele tinha cometido o crime ou não, questionavam. O psiquiatra disse que, diante do quadro de desequilíbrio, não podia assegurar se aquilo era delírio ou realidade. A história só mudou de figura quando, antes de sair para ser hospitalizado, Farah entregou as chaves da casa, do consultório e do carro para Angélica, que há um ano era sua procuradora ao lado do tio Sleman. Deu também um envelope, que a advogada abriu: dentro estavam a carteira de identidade de Maria do Carmo Alves e um anel. Envolvida emocionalmente com a situação, Angélica decidiu telefonar para uma amiga, irmã de um criminalista em ascensão, para que ele assumisse o caso.

O fim de semana de Roberto Podval no Guarujá corria tranquilo, um descanso merecido. Aos 37 anos, também presidente do Instituto Brasileiro de Ciências Criminais, ele vinha trabalhando um bocado, principalmente em dois processos que atraíam a atenção da mídia. Em um deles, defendia o então senador Luiz Estevão, acusado de desvio de verbas do Tribunal Regional do Trabalho de São Paulo. No outro, representava Sérgio Gomes da Silva, o Sombra, suspeito do assassinato do prefeito de Santo André, Celso Daniel, em 2002, um dos mais rumorosos crimes do mundo político, com os nomes de proeminentes petistas envolvidos num esquema de propina e lavagem de dinheiro no transporte público da cidade do ABC.

O celular de Podval tocou. Era Angélica. Depois de ouvir o relato da situação envolvendo Farah, o criminalista explicou que estava fora de São Paulo, mas que em breve a advogada Beatriz Rizzo Castanheira, sua sócia, entraria em contato para combinar os primeiros passos.

Ao mesmo tempo, Sleman, Maria do Carmo (sua mulher, claro), Farah e o psiquiatra se dirigiram à Granja Julieta, um bucólico e arborizado bairro residencial do distrito de Santo Amaro, Zona Centro-Sul de São Paulo. Estacionaram na sede da Clínica de Repouso Parque Julieta, uma instituição particular voltada ao tratamento de transtornos psiquiátricos. O lugar ficou famoso em 2000, quando o jornalista Antônio Pimenta Neves, ex-diretor de redação do jornal "O Estado de S. Paulo", ali foi internado ao tentar o suicídio, depois de matar a tiros a namorada, a também jornalista Sandra Gomide. Inaugurada em 1956, inspirada em estabelecimentos suíços, a Clínica Parque Julieta ainda hoje é destinada à elite, com quartos individuais, jardins, fontes, restaurante, quadra poliesportiva e atendimento 24 horas.

Às 21h30 daquele domingo, o quarto 11 abrigou o novo paciente. O formulário de internação foi preenchido por Sleman Farah, que assinou também como o responsável pelas despesas. O documento alertava que, no mínimo, seriam cobradas cinco diárias, cada uma a R$ 365 (em janeiro de 2021, o valor da diária era R$ 1.180). Doutor Guerra foi o autor da guia do pedido de internação. A ficha do paciente apontava risco de fuga, auto-eliminação, proibia saídas, uso de telefone, informava da necessidade de acompanhante e restringia as visitas apenas à família. Menos de meia hora depois de ser internado, Farah era medicado: 25mg de Tofranil, remédio usado no tratamento de depressão e transtornos de humor. O prontuário descrevia o estado do cirurgião na admissão: "Amedrontado, choroso. (...) Sono agitado, ameaça suicídio, pede para fazer eutanásia. De repente se assusta e grita". Em outro ponto, foi registrado que Farah berrava pela mãe.

Enquanto Farah era admitido na Parque Julieta, Angélica e Tânia se encontravam em um posto de gasolina na Avenida Tiradentes com Beatriz Rizzo Castanheira e Odel Mikael Jean Antun, sócios de Podval. Elas contaram que o tio já estava internado e entregaram o envelope com a identidade de Maria do Carmo e o anel. Dali, rumaram para a 13ª Delegacia de Polícia Civil, na Casa Verde. Os criminalistas narraram os fatos para a delegada Nagya Cassia de Andrade e pediram que a polícia verificasse se o cadáver estava mesmo na mala do carro. A agente respondeu que este era um trabalho para a Polícia Militar.

A PM era colada à DP: um no número 677 da Avenida Casa Verde e o outro no 677A. Na 1ª companhia do 9º Batalhão, Beatriz e Odel foram recebidos pelo oficial de plantão, Gilson Pereira de Aragão. Repetiram toda a história. Por rádio, o oficial entrou em contato com o colega Cristiano Tenório de Morais e com o primeiro-sargento Maximiliano Oliveira Alves. Os dois faziam ronda pelas ruas de Santana, em uma viatura dirigida pelo oficial Miguel Antônio Santos, que logo alcançou o número 320 da Rua Salete. Tenório e Maximiliano foram ao subsolo acompanhados pelo porteiro, pelo zelador e também pelo síndico, e lá estavam estacionados os dois carros de Farah. Além do Daewoo, o médico tinha uma réplica de um Porsche, em fibra de vidro, montado sobre o chassi de uma Variant 1976. A dupla inspecionou a réplica e nada encontrou. O Daewoo estava trancado. Para abrir, só com chave e a presença da família. É a lei.

Tânia e Angélica foram até o endereço do tio, junto com os advogados. Àquela altura, Podval já havia se juntado a eles. Na garagem, todos presenciaram os PMs destrancarem o bagageiro do carro. Assim que o porta-malas foi aberto, um cheiro podre fortíssimo tomou conta do ambiente. Os policiais retiraram da mala do carro seis sacos pretos de lixo, todos cheios. A princípio, chegaram a pensar que era carne de algum animal, porque não havia forma. Quando se depararam com o saco contendo a cabeça de Maria do Carmo veio a confirmação. Angélica passou mal. Tânia se segurou. Era meia-noite.

5
FLAGRANTE E INVESTIGAÇÃO

Segunda-feira, 27 de janeiro

Os três filhos do titular da 13ª Delegacia de Polícia, Italo Miranda Junior, dormiam tranquilamente. O delegado de 49 anos se preparava para fazer o mesmo, ao lado da mulher, Claudia Cristina. O toque do celular interrompeu os planos, perto da uma da manhã.

– Olá, doutor, é a Nagya. Achei melhor avisar que estamos com um caso aqui que vai chamar a atenção da imprensa. Um cirurgião plástico esquartejou a paciente e guardou o corpo na mala do carro. Ele confessou o crime para a família, que veio registrar queixa.

– Quem está aí?

– As sobrinhas dele e três advogados. O Podval e dois outros.

– O Roberto Podval? Não abra sequer o boletim de ocorrência até que eu chegue!

A fama e o prestígio do criminalista acenderam o sinal de alerta para a encrenca que estava por vir. A cabeça do delegado funcionou rapidamente. "Eu já tinha trabalhado na delegacia de Santo Amaro, bairro vizinho da Granja Julieta, e conhecia a fama da Clínica Parque Julieta. Além do Pimenta Neves, vários jogadores de futebol e artistas com dependência química tinham ficado ali. Veio então uma luz: era bem provável que o Farah tivesse sido levado para lá. O investigador chefe da DP, Rui Monteiro, morava na região. Mandei que ele fosse checar. Em 20 minutos veio a confirmação", lembra Italo Miranda.

Como o médico ainda não havia confessado o assassinato diretamente à polícia, e até o momento a única evidência era o corpo escondido no porta-malas do carro, o delegado encontrou aí a brecha para deter Farah em flagrante. Ele ordenou que um investigador ficasse de guarda na entrada do lugar até que Nagya chegasse com o auto de prisão. "A confusão era tanta que os policiais vieram nos perguntar se sabíamos o caminho até a casa de saúde", conta Roberto Podval. Um comboio formado por carros da 13ª DP, da 4ª Delegacia Seccional e da defesa de Farah estacionou na porta da Clínica Parque Julieta. Os plantonistas apresentaram o atestado médico assinado pelo psiquiatra Antônio Hélio Guerra Vieira Filho, alertando sobre o risco de suicídio do cirurgião plástico. Um grupo de policiais foi ao quarto 11 e testemunhou a prostração do interno, por conta da medicação. Dopado, porém detido.

Uma equipe ficou de vigília, enquanto os demais rumaram para o prédio Boulevard Sallete, onde a perícia iniciava a montagem de um quebra-cabeça macabro. No chão da garagem, em cima de uma lona plástica, jazia, "encaixado" na medida do possível, o conteúdo dos cinco sacos retirados da mala do carro. Acostumados a lidar com homicídios violentos, os agentes tiveram uma sucessão de choques com o que se depararam. "O rosto foi parcialmente e irregularmente desfigurado. Um trabalho que me pareceu atabalhoado", disse o perito criminal Carlos Alberto Coelho, na série de TV "Investigação criminal", lançada em 2013. A face estava sem parte da massa corpórea, só no osso, assim como a região do tórax, sem os seios, coração, pulmões e vísceras. No dorso de uma das mãos, encontraram um furo mínimo, provavelmente causado por uma injeção, que mais tarde seria pesquisado pelos legistas e nortearia uma das reviravoltas do caso.

As digitais das mãos e dos pés foram extraídas. "Isto talvez tenha sido uma tentativa de não permitir a identificação", disse o perito Carlos Alberto. O requinte da retirada de parte dos dedos dos pés acendeu uma luz entre os agentes da polícia técnica. Só quem estuda anatomia ou, no mínimo, pesquisa o assunto saberia que, assim como as digitais dos dedos das mãos, a planta do pé também pode ser usada em identificação. "As digitais se formam durante a gestação e dificilmente são alteradas ao longo da vida. Somente por conta de cicatrizes. Qualquer ser humano pode ser identificado, se houver um teste de pezinho ou algum outro registro da planta do pé", explica o perito Adilson Pereira, assessor técnico da diretoria do Instituto de Criminalística de São Paulo.

Do interior do Daewoo também foram recolhidos outros itens: uma blusa feminina azul tamanho médio, com decote em V, sem mangas, da marca Rouparia Z; uma calcinha marrom; um sutiã rosa; um par de botas de couro marrom; 19 ampolas de Dormonid (medicamento para induzir ao sono); um par de luvas cirúrgicas tamanho 7,5; um óculos de grau; uma bisnaga da farmácia de manipulação Galo de Ouro em nome de Farah; duas folhas de um texto com o título "Canibalismo x Corporativismo"; um questionário de cinco páginas da Associação de Pais e Alunos das Escolas do Estado de São Paulo; uma xerox do diploma de Medicina da Universidade de Mogi das Cruzes em nome do criminoso; um folheto da Comunidade Árabe Aberta (instituição religiosa) em saudação ao Dia da Mulher de 2002; e ainda um outro da Universidade Paulista.

Nagya, outros oficiais, mais os criminalistas e Tânia subiram ao apartamento 262, à procura de evidências que apontassem o local do assassinato. "O desequilíbrio do Farah ficou evidente dentro do imóvel. A geladeira não tinha porta e na parede havia um versículo bíblico escrito à mão. Sem contar as janelas cobertas por plásticos", diz Podval, presente às buscas. De suspeito, apenas foram recolhidos lençóis descartáveis, sacos de lixo pretos e ilustrações de cirurgias torácicas, jogadas ao lado do colchão de casal usado como cama na suíte principal do imóvel de dois quartos. Porém, não havia sinal algum de que o crime ocorrera ali.

No bairro da Luz, o telefone de João Augusto tocou por volta das 4h. Era a delegada Nagya. A conversa foi lembrada pelo viúvo, em detalhes, em fevereiro de 2020.
– Vocês encontraram a Maria do Carmo?
– Sim.
– Ela está viva ou morta?
– Preciso que o senhor venha para a delegacia.
João começou a se vestir quando recebeu nova ligação da policial.
– Não saia daí. Estamos indo te buscar.
Naquela fração de segundo, em que nada tinha sido explicado, ele sentiu as esperanças minguarem. Logo a viatura chegaria e João reformulou a pergunta para a delegada, já no carro, com outros agentes.
– Onde está a Maria do Carmo?
– Na Rua Salete.
– Ela está viva?
– Nós vamos ao consultório do Farah.

A viatura estacionou na porta do prédio da Rua Alfredo Pujol, ao lado de carros do corpo de bombeiros, da polícia e da equipe de peritos, que a esta altura já saíra do apartamento de Farah. Nagya entrou na clínica acompanhada por outros agentes, sob o olhar de Tânia Farah Homsi e da turma de advogados. Buscavam indícios de que o assassinato teria acontecido ali. A revista passou por todos os cômodos: consultório, sala de espera, banheiros, centro cirúrgico e salas de esterilização e de recuperação. Logo de início, sentiram um forte cheiro de cloro em todos os ambientes. Na grande banheira de um dos lavatórios e no tanque do lugar de assepsia de instrumentos encontraram toalhas e lençóis brancos descartáveis, como os que estavam no apartamento de Farah. Tudo úmido, exalando a água sanitária. "Banheiras assim são difíceis de limpar. Mas aquela estava impecável. Os azulejos e rejuntes também. Era evidente que havia tido um processo minucioso de limpeza", lembrou o perito Carlos Alberto Coelho. "A olho nu, não encontramos uma gota de sangue", conta o delegado Italo. Seis embalagens vazias do alvejante foram deixadas ali, próximas a um balde. Em uma das gavetas do consultório, recolheram uma calcinha marrom e uma sunga verde.

João aguardava o trabalho de investigação terminar, como havia sido orientado: dentro do automóvel, escoltado por um oficial. Um curioso que passava na rua quase deserta e molhada pela chuva se aproximou e perguntou ao agente:

– O que está acontecendo?

– Um médico matou uma paciente.

O chão se abriu sob os pés de João. "Minha ficha caiu", recorda.

A imprensa começou a chegar quando surgiram tímidos os primeiros raios de sol. O viúvo permaneceu resguardado na viatura até que, por volta das 7h da manhã, o veículo partiu em direção à 13ª DP, numa linha quase reta, a 2,5 quilômetros dali. Carros da polícia, dos advogados e agora também da imprensa novamente formaram um comboio.

O boletim de ocorrência 711/2003 foi registrado às 7h54. Homicídio doloso e ocultação e vilipêndio de cadáver (desrespeito ao corpo) compunham a natureza do crime, para o qual foi aberto o inquérito policial 050/2003, presidido pelo delegado Italo.

Antes de ser isolado para prestar depoimento, João reconheceu as roupas e acessórios retirados da mala do carro de Farah como pertences de Maria do Carmo. As testemunhas começaram a ser interrogadas. A primeira a ser ouvida foi a própria delegada Nagya, também à frente do caso. Os investigadores da 4ª Seccional Reinaldo Domingues e Antonio Rossi Filho falaram em seguida, assim como a sobrinha Tânia e João. Os profissionais só narraram a ordem dos acontecimentos a partir da comunicação do crime. Os parentes, no entanto, foram além. Deram suas versões para a história da tumultuada relação de Farah e Maria do Carmo. Começava ali uma guerra de narrativas entre defesa e acusação.

Os parentes de Farah, aguardando sua vez, ouviram em mais de uma ocasião os policiais repetirem que aquele crime era mais do que previsto. Conheciam o réu das muitas queixas que ele prestou contra a vítima na DP.

Assistida pelo advogado Odel Mikael Jean Autun, Tânia narrou o seu ponto de vista. Além de rememorar as últimas

24 horas, a promotora de vendas informou que médico e paciente se conheciam há anos e tiveram um relacionamento amoroso por seis meses. O romance fora interrompido por Farah ao descobrir que Maria do Carmo era casada. De acordo com a sobrinha, a vítima não se conformava com o rompimento e teria passado a ameaçar o médico, pessoalmente e por telefone, levando-o a trocar os números das linhas. Tânia contou que as intimidações ocorreram ao longo de toda a última década e também visavam outros familiares. Segundo ela, "o ciúme doentio" fazia com que Maria do Carmo o constrangesse na presença de outras pacientes do sexo feminino e, em uma ocasião, teria sido retirada da clínica numa camisa de força. Antes de encerrar, Tânia revelou ter notado um corte na mão de Farah quando ele lhe entregou o envelope com o documento de identidade de Maria do Carmo e as chaves.

João Augusto prestou depoimento observado pelo advogado Rodney Barbierato Ferreira, que passou a representá-lo a pedido da transportadora para a qual ambos trabalhavam. A narrativa do viúvo sobre a relação de Maria do Carmo e Farah divergiu da apresentada por Tânia. Segundo o porteiro, sua mulher e o médico se conheceram seis anos antes, na época do cisto da virilha, operado e sucedido por um outro, também extirpado pelo cirurgião. Da relação médico-paciente teria nascido uma amizade, aprofundada por motivos religiosos. Segundo o viúvo, os dois frequentavam a unidade do bairro de Moema da Igreja Adventista do Sétimo Dia. João disse que Farah telefonava constantemente para conversar com Maria do Carmo. E que ela fazia o mesmo, mas nunca prestou atenção no que os dois falavam.

No relato, João disse que, por volta de 2001, irritado pelos muitos contatos da vítima, Farah a teria denunciado à polícia. Por conta da queixa, segundo o marido, a relação do cirurgião e de sua esposa ficou abalada. Por fim, disse que dias antes do crime o cirurgião procurou Maria do Carmo, oferecendo uma lipoaspiração. "Esse médico é doido", teria desaconselhado quando a mulher pediu sua opinião.

O movimento na DP estava apenas começando. O psiquiatra Antônio Hélio Guerra Vieira Filho assinou a liberação do criminoso para que fosse transferido. "Atesto que o Dr. Farah Jorge Farah apresentou significativa melhora de seu estado psicopatológico, apresentando redução do risco agudo de suicídio. Está recomendado seu translado para a prisão e não ao Manicômio Judiciário". A advertência do destino do cirurgião plástico respondia a uma solicitação do delegado Italo, que pedira à Justiça a transferência do preso para o Hospital Penitenciário do Carandiru, em Santana. Com o aval do psiquiatra, o assassino deveria ficar encarcerado na própria 13ª DP, que abrigava detentos com nível superior.

Às 22h40 do dia 27 de janeiro, o médico chegou à delegacia no porta-malas de uma viatura, de bruços, segurando o cajado. Desceu com o rosto coberto e escoltado por agentes. Logo, seus dedos estavam sujos da tinta preta que incluiria as digitais nos registros policiais. Despido, o cirurgião passou por exame de corpo de delito, realizado por dois médicos legistas, que constataram pequenas escoriações na mão e antebraço direitos por lesão corporal de natureza leve. O criminoso explicou que os cortes teriam sido provocados pela faca que a vítima estaria portando.

Ainda sem condições de depor, Farah foi trancado em uma cela. Só falaria no dia seguinte, mesma data em que João Augusto de Lima compareceu ao Instituto Médico Legal para reconhecer o corpo de Maria do Carmo. A tarefa, sempre ingrata, neste caso foi ainda mais cruel, por conta da precisão cirúrgica do assassino. O viúvo só conseguiu identificar a mulher por conta dos cabelos tingidos de louro, da prótese dentária e pelos dedos dos pés.

Terça-feira, 28 de janeiro

A imprensa, sem distinção, nadava de braçada na história desde as primeiras horas do dia. Os programas vespertinos, os telejornais no horário nobre, os jornais, as revistas semanais de informação seguiam cada movimento do inquérito policial como se fosse uma novela, uma série. A versão de que Maria do Carmo e Farah tiveram envolvimento amoroso ganhou destaque, direcionando a estratégia da defesa e corroborando com o tom folhetinesco. "Médico é acusado de esquartejar sua amante" foi o título da primeira reportagem que a "Folha de S. Paulo" publicou sobre o assunto, em 28 de janeiro de 2003. Se um veículo de linha editorial mais sóbria dava a notícia assim, imagine como os mais populares tratavam o crime. O julgamento começou antes do tribunal. O público assistia de camarote ao desdobrar dos fatos. E das fake news, num tempo em que ainda nem eram chamadas assim.

Na tentativa de saciar a sede de informações em torno do brutal homicídio, um personagem conhecido há mais de 40 anos passou a ser lembrado. Uma criatura de apelido autoexplicativo: Chico Picadinho. Em 3 de agosto de 1966, o vendedor capixaba Francisco Costa Rocha, de 24 anos, conheceu em um bar de São Paulo a bailarina austríaca Margarethe Suide, de 38, e a convidou para ir ao seu apartamento, na Rua Aurora, zona central da cidade. Durante o sexo, o sujeito a enforcou com um cinto de couro. Tentou se livrar do corpo, partindo-o em pedaços dentro da banheira, com lâminas de barbear. Revelou o feito, na mesma madrugada, ao amigo com quem morava. O rapaz o entregou à polícia. Condenado em 1968 a 17 anos de prisão, teve a pena reduzida por bom comportamento, oito anos depois de encarcerado. Avaliado por psiquiatras e peritos forenses, foi considerado apto para retornar à vida em sociedade. Só que não.

Chico Picadinho voltou a atacar. Duas vezes. Na primeira, em setembro de 1976, tentou esganar uma prostituta em um hotel paulista; ela conseguiu fugir, mesmo depois de levar uma facada. Em 16 de outubro, outra garota de programa, Ângela de Souza e Silva, foi enforcada e esquartejada com faca, canivete e serrote em um apartamento na região central de São Paulo. Os pedaços do corpo foram lavados e guardados em uma mala. Chico foi capturado 28 dias depois no Rio de Janeiro, para onde fugira, enquanto lia uma reportagem sobre suas monstruosidades. E quem era um dos investigadores do caso Chico Picadinho? O delegado Italo Miranda Junior, em início de carreira.

Italo tinha pressa. A lei determina que o inquérito precisa ser concluído dez dias após o suspeito estar à disposição da Justiça, o que aconteceu no momento em que Farah chegou à

13ª DP. O curto prazo gerou uma rotina frenética para a polícia, Justiça, advogados de defesa, testemunhas e imprensa. "Durante aqueles dias, eu chegava na delegacia por volta das dez da manhã e só voltava para a redação lá pelas cinco da tarde. Escrevia correndo a matéria para a edição do dia seguinte. O trabalho da polícia foi muito bem feito, conseguiu reconstituir o crime, apesar de ninguém ter testemunhado a cena. Só o próprio assassino, que dizia não se lembrar de nada", recorda o jornalista Renato Lombardi, que cobriu a história pelo jornal "O Estado de S. Paulo". Nos plantões, surgiu até uma piada de humor questionável. A cada informe, os repórteres brincavam: contem as novidades em partes.

Em sua primeira noite na prisão, o cirurgião não trocou uma palavra com os companheiros de cela. Encolhido, soluçou em cima do colchonete e do lençol que recebeu ao chegar à delegacia. Não tocou na comida. Conversou com a equipe de defesa e às 15h foi levado até o delegado para interrogatório, na presença dos advogados Odel Antun, Beatriz Rizzo e Paula Indalécia e do promotor Orides Boiati. Por quatro horas, chorou de saudades da mãe e tentou explicar por que e como matou, estripou e esquartejou Maria do Carmo. O relato foi rico em detalhes do começo da história. Já os pormenores do crime eram nebulosos, justificados por uma ausência de consciência.

Como o estuprador que culpa as vestes de sua vítima pelo crime, Farah deu a sua versão sobre como o vínculo entre ele e Maria do Carmo teria evoluído de profissional para romântico. Contou que ela se insinuava nas consultas de troca dos curativos da cirurgia na virilha. Disse que se esquivava para preservar a relação entre médico e paciente, até que, depois de muitos telefonemas, marcaram um encontro. Segundo narrou, os dois estiveram juntos em quatro ocasiões e que só aí ela teria revelado que era casada. O médico afirmou que ficou chocado com a informação. A pernambucana teria insistido, dizendo que vivia uma relação fraternal com o marido. Mas que ele, homem ilibado, pôs fim ao romance, o que descambou para uma série de discussões. A partir daí, Maria do Carmo começou a disparar telefonemas para todos os lugares que ele frequentava e a aparecer no consultório sem avisar. Farah contou ainda que ela o ameaçava, dizendo "que iria mandar matá-lo", que o "marido iria matá-lo com o revólver que tinha e picá-lo".

Consta do depoimento que a vítima passara a perseguir também seus pais na igreja que frequentavam, a ponto de Farah ter telefonado para o marido, pedindo – sem êxito – providências. O médico disse que registrou diversos boletins de ocorrência e narrou ainda como os fatos teriam acontecido na véspera do crime: a ex-paciente e ex-amante o procurara no dia 23 de janeiro, avisando que ia ao consultório para uma conversa séria, e apareceu na noite do dia 24, três minutos depois de a secretária ir embora. "Se você não for meu, não será de mais ninguém", disse Maria do Carmo, na versão de Farah, antes de sacar uma faca "de suas vestes" e investir contra ele, que se defendeu com a mão direita, ferida na luta.

Daí em diante, o réu alegou não se lembrar de mais nada. Nem mesmo da visita de João perguntando sobre o paradeiro da mulher, dois dias depois. "Espero que, com a ida dele à clínica para a reconstituição, a memória volte e ele acabe com as mentiras. Ele teve a coragem de dizer que sua memória apagou às seis da tarde de sexta e só voltou na tarde de domingo", declarou o delegado aos jornais. Italo terminou o interrogatório irritado com Farah e sua defesa: "Toda vez que perguntei sobre o crime em si, a memória dele, que é muito boa, falhava. Falhou porque foi instruído por seus advogados a mentir e a omitir". O policial acreditava que o médico não conseguiria seguir as recomendações dos criminalistas durante a reconstituição do crime, que seria marcada para alguns dias depois.

No prédio do Instituto Médico Legal, na Rua Teodoro Sampaio, uma equipe virava as noites trabalhando no caso. Em busca das armas do crime, testaram os instrumentos cirúrgicos recolhidos na clínica. Não encontraram vestígio de coisa alguma: as peças estavam tão limpas que era evidente que tinham sido esterilizadas. Uma nova revista seria feita nas dependências da clínica. A precisão dos cortes e as regiões retalhadas deixavam clara a habilidade do criminoso.

Os legistas foram ágeis na conclusão do laudo preliminar da necrópsia. O relatório, datado de 28 de janeiro, informava que o cadáver fora desmembrado, mutilado, esquartejado e ensanguinhado (quando o sangue e demais fluidos são drenados). As partes pesavam 34,5 quilos e pertenciam a uma mulher com 1,65m de altura. "A maneira como as incisões foram feitas permitiu que o corpo perdesse

60% do peso, facilitando a remoção", observou o diretor do IML à época, José Jarjura Jorge Júnior.

O corpo fora dissecado em cabeça, tronco e braços, pélvis e coxas, antebraço e mão direita, antebraço e mão esquerda, perna e pé direito, perna e pé esquerdo. Na altura do quarto dedo da mão direita havia uma perfuração. O material recolhido revelava também que Maria do Carmo não teria mantido relações sexuais nas horas que precederam seu assassinato. A causa mortis não pôde ser precisada. Anonimamente, um médico da equipe declarou ao "Estado de S. Paulo" que o primeiro corte teria sido na altura do pescoço, próximo da tiroide, e se estendido até o púbis. A ação teria levado dez horas, segundo estimativa de Jarjura. O delegado desconfiava até de que alguém ajudara no crime.

A maior parte das vísceras não foi achada. Numa pequena parte da bexiga, uma gota microscópica jogou por terra a narrativa de Farah em seu primeiro depoimento, quando o exame ainda não tinha sido concluído. A análise do líquido detectou a presença de um derivado de benzodiazepínico (midazolam), revelando que a vítima fora sedada. O documento, assinado pelos legistas Carlos Alberto Coelho, Laércio de Campos Pachelli, Rita de Cássia Gava, João Felício Miziara Filho e Sidney Reed Neto, ficou guardado a sete chaves.

Nem todo o relato de Farah desmoronou. Os boletins de ocorrência registrados pelo médico, queixando-se de perseguição, foram anexados ao inquérito. Os mencionados e os não mencionados também, como a queixa contra as pacientes Ana Maria Teixeira de Matos e Maria da Graça Amaro. O delegado Italo conversou com as duas, de maneira informal, para aprofundar o perfil do criminoso. Logo, a informação do caso que constava no BO aberto por Farah e o trecho do processo de Maria da Graça acusando-o de assédio sexual vazaram para a imprensa. "O caso ia ganhando uma repercussão grande. Com isso, os programas sensacionalistas da tarde passaram a divulgar histórias de mulheres que diziam ter sido assediadas pelo Farah", lembra o advogado Odel Antun.

A DP e os jornais também recebiam ligações de supostas vítimas do médico. A supervisora de telefonia Sandra Maria Pinto Sampaio disse, em reportagem ao "Estado de S. Paulo", publicada em 30 de janeiro, que recorreu a Farah, dez anos antes, para uma redução de busto. "Tomei anestesia para a correção e lembro que ele encostou seu rosto no meu, me beijou na boca e molestou algumas partes do meu corpo". Ela contou ter voltado duas vezes à clínica, insatisfeita com o resultado da plástica. E reclamou da conduta do médico, que teria respondido que a paciente estava delirando. Na mesma reportagem, Silmara Marin contou que em 1999 Farah lhe fora recomendado para uma lipoaspiração. "Ele disse que iria fazer em três etapas. Trabalhou sozinho, sem enfermeira, e fez coisas comigo que tenho vergonha de contar. Na segunda ida ao consultório, minha mãe me ouviu falar alto para ele não me tocar e bateu na porta da sala de cirurgia. Ele disse que estava tudo bem". Silmara revelou ainda ao jornal que foi obrigada a assinar um termo afirmando ter sido bem tratada.

O Conselho Regional de Medicina instaurou um processo para verificar se Farah era capaz de trabalhar e o suspendeu do exercício da profissão. A instituição revelou que em quatro ocasiões, entre 1993 e 1999, foram feitas queixas contra ele, por imperícia e negligência, arquivadas depois de processos internos.

Quarta-feira, 29 de janeiro

Em busca de outras evidências, o delegado Italo Miranda Junior e o diretor do IML, José Jarjura, retornaram à clínica e encontraram a fachada do imóvel pichada. Em spray preto estava escrito em letras garrafais: "SEU MONSTRO!". O apelido pegou. A partir daquele dia, o médico passou a ser identificado assim pela mídia. Os policiais vasculharam o lugar por mais de duas horas. Apreenderam uma nova leva de material cirúrgico com vestígios de sangue, anestésicos, minigravadores e fitas de áudio. Da banheira, onde acreditavam que o corpo tinha sido estripado, foi retirada uma massa gelatinosa, que Jarjura imaginava ser tecido humano.

De volta à DP, Italo interrogou outras testemunhas. Os funcionários do prédio onde o médico tinha apartamento listaram um conjunto de fatos que ajudariam a construir uma linha do tempo do fim de semana macabro. O taxista Rubens Mansano, que conduziu Farah ao shopping no domingo, fez seu relato. A ex-secretária de Farah, Rosângela Rosa da Silva, que trabalhou no consultório até cinco meses antes do crime, também foi convocada a depor. Segundo ela, os telefonemas de Maria do Carmo eram constantes, prejudicavam o trabalho, mas desconhecia se os dois tiveram um caso.

O último a ser interrogado naquele dia foi o corretor de imóveis Dirceu Rossi, amigo de Farah há mais de 20 anos. Surpreso com o crime, descreveu o médico como um homem prestativo e humano, sempre disposto a ajudar os necessitados, fato que testemunhara em diversas ocasiões, desde que se conheceram na Igreja Adventista. Ele contou que, cerca de um ano antes, o cirurgião se queixou, sem revelar os motivos, de que estava sendo ameaçado e chantageado por uma paciente. Rossi o teria orientado a procurar a polícia. Depois de uma rápida visita ao amigo na cela, ele contou aos jornalistas que o encontrou "chorando, apático, sem noção e rezando muito, sem conseguir manter uma linha de conversa".

Dona Amália e Seu Jorge seguiam abaladíssimos. A família decidiu que o casal passaria um tempo na casa de Sleman. Tinham companhia durante todo o dia e dormiam cercados pelos netos. Para que ficassem confortáveis, o filho e a nora foram até o apartamento da Vila Mariana buscar roupas e objetos pessoais. Ao mexerem num dos armários, encontram um saco plástico contendo "provavelmente material cirúrgico". O achado foi entregue ao advogado Roberto Podval, que, por sua vez, o encaminhou à DP, que o remeteu ao IML. A análise confirmou: eram as pontas dos 20 dedos dos pés e das mãos de Maria do Carmo.

Quinta-feira, 30 de janeiro

As fitas de áudio apreendidas no consultório começaram a ser ouvidas pela polícia: registravam conversas entre

Farah e Maria do Carmo, hábito que o médico mantinha há algum tempo. Um dos diálogos foi parar nos jornais no dia seguinte, em 31 de janeiro, e deixou evidente a intimidade entre os dois.

> FJF – *Você me ligou às duas e meia da madrugada. Isso não é hora de me ligar.*
> MC – *Quem ligou? Eu?*
> FJF – *Que gozado, no meu bina aparece o seu celular.*
> MC – *Olhe o horário. Eu não vou te ligar de madrugada. Você me chamou de louca?*
> FJF – *Eu não te chamo de louca. Não dá bola para quem fala. A pior coisa do mundo é quando uma pessoa fica ouvindo o que a outra pessoa fala. Se falarem, deixa entrar por um ouvido e sair pelo outro.*
> MC – *A gente não vai brigar.*
> FJF – *Então a gente faz isso. Eu vou voltar a te ligar. Amanhã, domingo ou segunda. Tá bom?*
> MC – *Você me liga? E vou sair, mas não vou aí. Queria que você viesse aqui em casa um dia. Mesmo se o João estiver aqui.*
> FJF – *O João mora aí?*
> MC – *Se você vier, ele não vai fazer nada. Ele gosta de você. Todo mundo gosta dele. O João paga o aluguel, mora aqui, mas não tenho mais nada com ele. Vamos nos ver hoje?*
> FJF – *Eu te ligo.*
> MC – *Você é misterioso. O Gugu, meu gatinho, está te mandando um beijo. Você me acha gorda?*
> FJF – *Você não está muito gorda. Você tem de perder oito quilos bem lentamente, para não dar pelanca caída.*

Em outro trecho de conversa, este inédito, Farah dizia achar melhor que eles não se falassem muito por telefone, porque estava ouvindo "barulhinhos esquisitos" na linha. Recomendava que Maria do Carmo procurasse a companhia telefônica e pedia que usassem orelhões e o celular da pernambucana. Os dois também comentaram sobre pessoas que vinham observando-os circulando juntos por Santana. Segundo Farah, alguém teria lhe questionado: "A tua religião não te proíbe de sair com mulher casada?". Dizendo-se despreocupado com isso, o médico falou que ia "tomar uma Coca bem gelada e arrotar bem gostoso".

Todas as linhas usadas por Farah, além de terem bina, eram aptas a gravar ligações. A polícia passou a acreditar também que o médico queria se precaver de pacientes insatisfeitas. Inspetores da 13ª DP tomaram os depoimentos de quatro mulheres que procuraram a delegacia para relatar situações que teriam ocorrido entre 1989 e 1999. Foi aberto um novo BO para registrar as queixas, que apresentavam narrativas parecidas: quando as pacientes estavam no centro cirúrgico da clínica, já sob efeito de sedativos, o médico ficava nu e esfregava o pênis e frutas frescas em seus corpos.

Casadas, justificando temer as reações dos maridos, elas optaram por não levar o assunto adiante e só procuraram a polícia depois de saberem do assassinato de Maria do Carmo. Apenas uma das ex-pacientes recorrera à época à polícia e ao Cremesp: dizia ter sofrido uma severa infecção após operar as pálpebras e o rosto com Farah. Foi aberto um inquérito policial, porém o crime de lesão corporal culposa prescreveu e não houve desdobramentos, nem na Justiça, nem no Conselho Regional de Medicina. Os repórteres de plantão tiveram, com esses casos, uma nova pauta, que logo passou a ocupar também os programas policiais vespertinos de televisão.

O movimento na 13ª DP era intenso: testemunhas, curiosos, jornalistas e parentes de Farah. Mas a visita de Seu Jorge e Dona Amália mexeu com todos. O comerciante aposentado e sua mulher chegaram à delegacia e quase foram arrastados por repórteres e cinegrafistas. Era nítido que os dois, frágeis e arrasados, não tinham condições de estar ali. Assistido por Podval, Seu Jorge contou ao delegado que Maria do Carmo "perturbava" seu filho e também a família, telefonando diversas vezes para sua casa, inclusive de madrugada. Nas ligações, não dizia coisa alguma, apenas desligava ao ser atendida. Ele relatou que Farah se queixava da perseguição à Dona Amália. "A mãe disse que Maria do Carmo chegou a telefonar para ele mais de 50 vezes num mesmo dia", revelou o delegado aos jornalistas. Dona Amália não acrescentou muito com seu depoimento. Chorosa, falou pouco.

À saída, o casal foi novamente cercado pela imprensa. Decididos a não falar, seguiam de cabeças baixas, acompanhados por parentes. Até que a dona de casa ouviu um jornalista perguntar:

– O que a senhora está achando disso tudo? Seu filho é um monstro?

Ela parou, olhou nos olhos do repórter e perguntou:

– Você tem mãe?

Fez-se um profundo silêncio.

Sexta-feira, 31 de janeiro

Atendendo a um pedido da defesa, o delegado Italo interrogou por mais de duas horas a advogada Maria de Fátima Casimiro, que contou sobre a coincidência de conhecer Maria do Carmo e João e também atuar para Farah. Ela foi munida dos BOs, medidas cautelares do médico contra a vítima, os telegramas para o viúvo e cópias das listas de telefones registrados pelo bina com 800 ligações do mesmo número em um só dia. A advogada lamentou que, até aquele momento, a Justiça não tivesse dado andamento ao pedido de quebra de sigilo telefônico, requerido sete meses antes. Na última etapa do depoimento, Maria de Fátima contou que Farah repetia que a interdição de sua clínica tinha o dedo de Maria do Carmo.

Outras duas pessoas foram interrogadas na sequência: Angélica Homsi Galesi e Sleman Farah narraram suas participações no fim de semana macabro. Também disseram, acompanhados pela criminalista Beatriz Rizzo, o que sabiam sobre o relacionamento de Farah e a vítima. Segundo Sleman, a perseguição de Maria do Carmo não se resumia ao irmão. Dona Amália, mãe deles, teria se queixado de que a pernambucana a seguia na igreja e costumava se sentar no banco atrás do dela, o que os levou, inclusive, a mudar de templo. Sleman garantiu que Farah era pacífico: "Era ele quem pedia calma quando alguém da família se exaltava".

Já Angélica trouxe bem mais detalhes sobre a relação de Farah e Maria do Carmo. Repetiu sobre a presença da vítima nas igrejas frequentadas pelos avós e tio, sobre as ligações incessantes nos fins de semana e que telefonou mais de uma vez para Maria do Carmo, pedindo que ela deixasse de incomodar Dona Amália e Seu Jorge. A pernambucana teria dito que pararia, desde que intercedesse para que Farah falasse com ela. Mas que voltava a ligar, dizendo coisas sem sentido, como "mandar dois homens dar cabo de sua vida". Angélica revelou que uma das secretárias, Rosângela, pediu as contas por não suportar o incômodo causado por Maria do Carmo. E afirmou que João Augusto sabia do caso extraconjugal da mulher.

Porém, a maior bomba do dia – e uma das maiores de todo o inquérito – não saiu da sala de interrogações da 13ª DP: surgiu na clínica de Farah. A polícia aguardava uma oportunidade para experimentar uma novidade recém-chegada ao Brasil, já usada há alguns anos por detetives americanos: o Luminol. A substância química foi empregada por sugestão do diretor da Polícia Científica, Celso Perioli. O produto, hoje popularizado em séries e filmes policiais, é composto por pó de átomos de carbono, hidrogênio, oxigênio e nitrogênio dissolvidos em água oxigenada. A solução reage quando entra em contato com hemoglobina, dando coloração fosforescente ao local onde há vestígios de sangue.

Acompanhados por representantes do fabricante, peritos aplicaram o produto em todos os cômodos da clínica e chamaram o delegado para mostrar o resultado. "Éramos acostumados a cenas de muita violência. Mas até hoje nada se compara ao que surgiu diante dos nossos olhos quando o Luminol foi aplicado", lembra o delegado, 17 anos depois: "Era sangue para todo lado. O teto, as paredes, o chão e a banheira estavam repletos de manchas de todos os tamanhos. O Luminol nos levou a descobrir o lugar exato onde Farah a matou, uma das salas de recuperação, e também pudemos ver o percurso que fez com o corpo. Era visível o trajeto até a banheira, na qual ele o estripou e drenou. Além disso, o produto permitiu que os peritos tivessem uma outra certeza: Maria do Carmo estava apenas sedada com o Dormonid ao ser esquartejada. Se estivesse morta, o sangue teria escorrido da maca, onde ele a cortou, até o chão. Mas não, esguichou para cima e para os lados, porque o coração ainda batia".

A análise revelou também que a privada fora usada para descarte de material humano. A polícia tinha esperança de localizar as vísceras da vítima. Acionada para fazer uma busca no sistema de drenagem do prédio, a Sabesp, empresa de águas e esgotos de São Paulo, nada encontrou.

As descobertas a partir do reagente químico serviriam para questionar Farah na reconstituição do crime, anunciada para as 15h do dia 2 de fevereiro. O delegado Italo queria usar a ocasião para derrubar a versão do médico. Para a polícia estava claro que Farah tinha premeditado o assassinato, atraindo Maria do Carmo ao consultório e sedando-a com a desculpa de que faria um procedimento estético. Outros dois fatos levavam os agentes a desconfiar das versão do assassino: seu porte físico franzino e o paradeiro ignorado da faca com a qual ele alegava que a vítima o atacara.

Uma batalha estava em curso na guerra entre investigadores e defesa. Ao vivo e em cores. Italo Miranda Junior informou que a reconstituição ajudaria a eliminar diversas dúvidas. "Quero saber em que parte da clínica ele estava quando Maria chegou e como fez para dopá-la e depois esquartejá-la", disse o delegado em entrevista publicada no "Jornal da Tarde", em 1º de fevereiro. Roberto Podval contra-atacou na mesma reportagem: avisou que seu cliente não queria comparecer à reconstituição. O delegado reagiu: "Sou eu quem determino".

Sábado, 1º de fevereiro

Os sócios Roberto Podval, Odel Antun e Beatriz Rizzo passaram boa parte do sábado elaborando um pedido de habeas corpus preventivo, encaminhado ao plantão de Justiça. Alegando a grande repercussão que o caso tinha tomado e a contrariedade de Farah em participar da reconstituição, solicitavam que o médico fosse proibido de deixar a prisão. "Até hoje, quase 20 anos depois, nunca vi um habeas corpus como aquele ser colocado em prática, impedindo o preso de deixar a cadeia", diz Odel.

A equipe de advogados de defesa de Farah ganhou um reforço de peso. Ex-secretário de Segurança do Estado de São Paulo, duas vezes presidente da OAB-SP, formado pela PUC paulista em 1969, Antônio Cláudio Mariz de Oliveira se tornou conhecido nacionalmente na defesa de Paulo César Farias, tesoureiro de campanha do ex-presidente Fernando Collor. Mariz e Podval já haviam atuado juntos em pelo menos duas ocasiões, nos casos Pimenta Neves e Celso Daniel. O decano, considerado uma das maiores sumidades no conhecimento das leis, unia-se ao jovem talentoso, famoso pelas boas relações dentro e fora da Justiça. Já a família de Maria do Carmo era representada pelo Ministério Público.

Domingo, 2 de fevereiro

Na data marcada para a reconstituição, Farah acordou antes das 7h e conversou com os colegas de xadrez. Disse que não iria a lugar algum.

– Meu advogado prometeu que conseguirá minha permanência na cela – repetiu para o carcereiro, ao receber o café da manhã.

Horas mais tarde Podval via sua palavra ser mantida. O juiz de plantão do Dipo (Departamento de Inquéritos Policiais) Ivo de Almeida concedeu a liminar, impedindo Farah de deixar a 13ª DP. A decisão de liberar o médico de participar do procedimento foi eclipsada por um novo fato. Naquela madrugada, a clínica de Farah sofreu a ação de vândalos. O portão que separa o corredor de duas portas de acesso ao imóvel, lacrado pela polícia com um cadeado, foi arrombado. "As pessoas que estiveram aqui, pelo desespero, não perceberam que uma das portas estava aberta. E arrombaram a outra, trancada", disse o delegado à imprensa. Durante duas horas a polícia revistou o local e não deu por falta de nada. "É difícil prever o que os invasores buscavam. Possivelmente o interesse era prejudicar a investigação", completou Italo.

O promotor Orides Boiati, no entanto, acreditava que o bina nas linhas telefônicas da clínica era o motivo da violação. Só que o equipamento já tinha sido recolhido pela perícia dois dias antes. Um outro endereço da família Farah também foi alvo de violência. "Pessoas não identificadas renderam nesta madrugada os porteiros e invadiram o prédio onde residem os pais de Farah", registrou Podval num memorando entregue à Justiça.

As bancas de jornais, lugar onde se podia aferir a temperatura do país, naquele domingo estavam dominadas pelo caso. A revista "Época" estampava o assunto na capa da edição 246: "Morta e esquartejada – O trágico fim de Maria do Carmo, mulher casada e religiosa que manteve uma obsessão doentia por seu médico, um cirurgião acusado de abuso sexual". A "IstoÉ" gerou protestos com o título da reportagem sobre o assunto: "Amor aos pedaços". "O Estado de S. Paulo", num texto da jornalista Leila Reis, publicou meia página analisando o espaço dedicado ao tema nos programas de televisão:

> "Esse lado, diríamos, podre da TV (sensacionalista) esteve na mais alta evidência na semana passada por causa do hediondo crime do cirurgião Farah Jorge Farah, chamado pelos programas policiais e femininos da tarde de 'esquartejador', 'médico monstro', etc. Como já foi mencionado nesta coluna, a notícia tem de ser dada. O repugnante é a utilização que se faz de todos os fatos deste gênero. Em todos os programas – até nas mais prosaicas revistas femininas – o crime foi explorado à exaustão em seus detalhes mais macabros. Na volúpia por pintar o diabo mais feio do que ele já é, cada programa foi atrás de personagens que de alguma forma ofereceram pretexto para repórteres e apresentadores mergulharem na sordidez do crime. O soldado que tomou conta do cadáver da dona de casa vítima do cirurgião foi le-

vado ao estúdio do 'Repórter cidadão' para descrever cada centímetro do estrago feito no corpo da mulher.

O marido, os pais e a irmã da vítima foram disputados pelas produções para depor. Pessoas simples, elas prestaram-se a interpretar o papel escrito pelos programas: perambularam pelos estúdios, emocionaram-se, expuseram a intimidade de suas casas e os objetos da vítima. Vizinhos do criminoso, ex-pacientes, psicólogos, anatomistas, policiais e delegados também atenderam prontamente ao chamado da TV para atuar como figurantes no circo de horrores armado.

A cartilha foi seguida à risca por todos: 'A casa é sua', 'Repórter cidadão' (Rede TV!), 'O melhor da tarde' e 'Brasil urgente' (Bandeirantes), 'Falando francamente' (SBT), 'Direitos humanos' e 'Cidade alerta' (Record) investiram forte na carnavalização da tragédia".

Aqui vale uma observação. À exceção do viúvo, ninguém da família da vítima foi ouvido nas investigações, nem nos julgamentos. Dona Adelice, Seu Amaro e os irmãos de Maria do Carmo nunca foram chamados a dar suas versões dos fatos.

Segunda-feira, 3 de fevereiro

Faltavam apenas três testemunhas para que os depoimentos do inquérito policial chegassem ao fim. Era imensa a expectativa sobre o que o trio de secretárias da clínica poderia revelar, com potencial para alterar completamente a conclusão do caso. Elas foram recebidas por Italo Miranda Junior e assistidas pela advogada Beatriz Rizzo.

O delegado tinha uma lista grande de perguntas: o passo a passo do dia do crime, o relacionamento entre vítima e assassino, o comportamento do médico, as acusações de violação sexual e ainda o impacto do fechamento da clínica pela Vigilância Sanitária.

Há dez anos funcionária de Farah, a primeira a depor foi Ernestina Leal do Nascimento, que trabalhava das 8h30 às 13h30. Ela contou que estava de férias na data do crime, num lugarejo sem luz e telefone, no interior do Ceará, e que só soube do ocorrido dias depois. Ernestina confirmou os insistentes telefonemas de Maria do Carmo, que reagia com grosseria quando Farah, a quem definiu como um homem respeitador, não podia atender: "Ela dizia que não queria falar com empregadas, só com o doutor". Ernestina contou que a pernambucana costumava aparecer de surpresa e que, em uma ocasião, invadiu a sala do cirurgião durante uma consulta. Sobre o período em que a clínica esteve interditada, disse que o patrão chorava muito, que afirmava saber quem o denunciara, mas não citou o nome de Maria do Carmo. Ela negou ter conhecimento de acusação de abuso sexual, de ameaças por parte da vítima ou se ela agia por ciúme.

Na sequência de Ernestina, depôs sua sobrinha e substituta, Eliete Maria de Jesus Santos. Ela disse que não conheceu a vítima pessoalmente, apesar de ter rendido a tia em férias de anos anteriores. Mas fora alertada por Ernestina de que uma mulher ligava incessantemente para a clínica. No dia do crime, Farah teria lhe orientado, caso Maria do Carmo telefonasse, a responder que não estava e que retornaria mais tarde. Na manhã do dia 24, contou Eliete, ela ligou duas vezes e se irritou ao ouvir que o médico não se encontrava. A ex-doméstica alegou que passou de ônibus pela porta da clínica e viu Farah entrando no prédio. Perto das 14h, a vítima teria ligado de novo, mas foi atendida pela auxiliar do turno da tarde. O delegado perguntou a Eliete se Farah apontou Maria do Carmo como responsável pela denúncia que levou ao fechamento da clínica. Ela negou, mas comentou que o médico repetia que quem fez aquilo queria prejudicá-lo.

Contratada para trabalhar entre 13h30 e 18h30 havia pouco mais de três meses, Érica Alves Porto dos Santos foi a última a depor. Reproduziu os diálogos com Maria do Carmo nas três ligações para o consultório no dia do crime: às 14h, 15h e 15h40. Em todas as chamadas, ela queria saber se Farah estava no local, mesmo afirmando que "sabia a verdade, porque tinha contratado uma pessoa para vigiá-lo". A paciente perguntava se o médico tinha outros atendimentos agendados, além do compromisso com ela às 18h30. Segundo a secretária, Maria do Carmo repetiu a informação sobre o horário marcado entre ela e Farah na última ligação, quando também questionou se Érica estava sozinha, a que horas saía do serviço e se abriria a porta caso precisasse chegar mais cedo ao consultório. Última pessoa a estar com Farah antes do crime, Érica narrou tudo o que presenciara na clínica até ir embora, com a filha e o motoboy.

O fim do expediente e o dia seguinte do delegado Italo foram diante do computador de sua sala na 13ª DP. Em quatro laudas, redigiu o relatório que acompanharia todas as provas reunidas durante a investigação: um calhamaço de 180 páginas, que incluía 21 fotos do corpo, 22 depoimentos, detalhes das diligências e relatórios médicos do detento. O material seria remetido à promotoria, para elaboração da denúncia. O policial só interrompeu os trabalhos ao ser avisado de que as imagens do corpo dilacerado de Maria do Carmo se espalhavam pela internet. As fotografias haviam sido tiradas nas dependências do Instituto Médico Legal para uso no laudo. A Corregedoria de Polícia Civil abriu inquérito para descobrir a origem do vazamento. Se apurou, nunca revelou a fonte.

No dia 5 de fevereiro de 2003, chegou às mãos do juiz Marco Antonio Martin Vargas, do 2º Tribunal do Júri, a denúncia formulada pelo promotor Orides Boiati, na qual Farah Jorge Farah era acusado de homicídio triplamente qualificado – motivo torpe, meio insidioso e dissimulação –, ocultação e destruição de cadáver, e ainda de vilipêndio. Condenado, poderia pegar entre 14 e 35 anos de cadeia.

No mesmo dia em que o juiz Vargas assinava o recebimento da denúncia, 6 de fevereiro, o corpo de Maria do Carmo Alves era enterrado em uma cova rasa. Cerca de 50 pessoas estiveram presentes à cerimônia, no Cemitério Municipal Campo Grande. "Se eu visse aquele médico agora, era capaz da mesma coisa que ele fez com minha filha", falou o pai da vítima, Amaro Alves, aos jornalistas presentes. Dona Adelice contou que semanas antes tinha repreendido a filha quando ela disse, em tom de brincadeira, que ia morrer. "Ela se despediu de cada cômodo da minha casa e pediu a minha bênção, coisa que nunca tinha feito", revelou ao

"Jornal da Tarde". O advogado Rodney Barbierato Ferreira avisou que entraria, em nome de toda a família da vítima, com uma ação de danos morais e materiais contra o cirurgião. "Eles não nos deram nem um corpo para velar, um rosto para olhar. O caixão estava lacrado. Minha irmã, tão vaidosa, foi enterrada embrulhada em um lençol", lembra Lila, irmã da vítima, em entrevista para este livro.

Correndo em paralelo na 11ª Vara Cível Central, seguia a ação na qual o viúvo, os pais e os irmãos de Maria do Carmo pleiteavam uma indenização por danos morais e materiais de R$ 2.209.176,30 (cerca de R$ 7,3 milhões, em valores corrigidos pelo IGP-M). Para sua defesa nesta ação, Farah contratou o advogado Gustavo Lorenzi de Castro, que também o representava no processo de imperícia médica e abuso sexual contra Maria da Graça Amaro. Em audiência realizada em 24 de abril de 2004, foram ouvidas duas irmãs de Maria do Carmo, Josefa e Maria Aparecida, João Augusto e duas amigas da ex-doméstica, Fabiana de Lima, vizinha no edifício da Rua Pedro Arbues, e Ilma Santos, da igreja pentecostal que a vítima e o marido frequentavam. Testemunharam a favor de Farah as advogadas Maria de Fátima Casimiro e Angélica Homsi Galesi (também sua sobrinha) e as secretárias Rosângela Rosa da Silva e Ernestina Leal do Nascimento.

Basicamente, os interrogados responderam perguntas relacionadas aos argumentos e afirmações feitas pelos advogados de Farah, que contestaram o pleito afirmando uma série de fatos não comprovados. O primeiro deles, que a vítima nem era mais casada com João Augusto, que apenas viviam sob o mesmo teto. E que este estilo de vida não só a levava a receber outros homens em casa, como eximia João de se posicionar nas diversas vezes em que Farah teria pedido a sua ajuda para controlar o comportamento de Maria do Carmo. Segundo o advogado, o porteiro respondia que não podia fazer nada, porque estaria vivendo apenas uma relação de amizade com quem chamava de "ex-mulher": "É evidente que a vida do réu virou um verdadeiro filme de terror, o qual, como exaustivamente demonstrado, era dirigido pela Sra. Maria do Carmo, com crueldade e insanidade inacreditáveis".

O interrogatório das testemunhas foi baseado nestas afirmações. Enquanto os familiares e amigas de Maria do Carmo negavam, os depoentes da defesa respondiam o contrário. Farah não se manifestou.

6
OS JULGAMENTOS

O xadrez da 13ª Delegacia de Polícia era uma espécie de área VIP do sistema prisional de São Paulo, destino de quem tinha curso superior. Quando Farah foi levado para lá, o lugar abrigava 50 homens, confinados em cinco celas. O médico deu sorte: dividia o cubículo com apenas quatro. Dois eram seus colegas, os médicos Nelson Takara Uchimura, detido por manter uma clínica de aborto, e Eugênio Chipkevitch, pediatra preso por abusar sexualmente de seus pacientes. Um veterinário condenado por roubo e um advogado que respondia por homicídio eram os outros dois. A cela, de dez metros quadrados, incluía banheiro, geladeira e televisão.

"Inicialmente eu dormia no chão, em cima de um colchonete, entre ratos e baratas. Havia outros presos que, por falta de espaço, dormiam no banheiro; pisávamos em seus colchões à noite, para usar o sanitário. Por vezes, os banhos eram frios, outras vezes, ficávamos sem luz e água; o café da manhã e refeições eram chamados pelos presos de 'gororoba', na maior parte das vezes era rejeitada, e víamo-nos obrigados a prepará-las com o que os familiares levavam – e ainda intitulam isto de 'cela especial'... Só D´us (não escrevemos, por respeito, completamente o Nome Sagrado – Ha Shem) sabe o que ocorre nas demais celas deste Brasil afora", descreveu Farah, por e-mail, em 2009, em entrevista à revista "Época".

Em seus primeiros dias de cadeia, ele pouco saía debaixo do lençol. Passava a maior parte do tempo chorando de soluçar. "Raramente ele vai ao pátio para o banho de sol. Só quando o chamamos", disse um investigador ao "Jornal da Tarde" em 30 de janeiro de 2003. Introspectivo, limitava-se a conversar com o pediatra. O assunto preferido: medicina. "Na tarde de terça-feira *(28 de janeiro de 2003)*, segundo os carcereiros, os dois falavam sobre técnicas de aplicação de anestesia: ambos dopavam vítimas para consumar crimes. Chipkevitch chegou a dizer que Farah estava com depressão e que precisava urgente de tratamento", detalhou uma reportagem publicada pela revista "Veja" na edição de 5 de fevereiro. De acordo com o mesmo texto, os policiais acreditavam que ambos se aproximaram porque tinham mais em comum do que a carreira.

Os advogados e os pais de Farah eram as visitas mais constantes. Para poupar os dois idosos, que nunca conseguiram se recuperar nem física nem emocionalmente do golpe, o delegado Italo mandou abrir uma exceção. Dona Amália e Seu Jorge podiam encontrar o filho fora do parlatório e longe dos olhares dos demais presos e visitantes. Uma sala no segundo andar foi destinada às reuniões dos três. "Eu tinha muita pena dos pais. Era visível o sofrimento deles naquela altura da vida", lembra o delegado.

A primeira vez que Farah deixou a 13ª DP foi para depor ao juiz Marco Antonio Martin Vargas, no Foro Regional do Jabaquara, em 21 de fevereiro de 2003. Por duas horas, ele respondeu perguntas sobre o crime, acompanhado por Antônio Cláudio Mariz de Oliveira. Mostrou facetas até então desconhecidas: a prolixidade e o vocabulário rebuscado. Avisou que entraria nos detalhes: "Eu peço a todos o máximo de paciência". A estenógrafa precisou de 18 folhas para registrar a resposta do réu a apenas uma questão: como ele e a vítima se conheceram.

Algumas das estratégias dos representantes de Farah

já estavam claras. A começar pela alegação de legítima defesa. "Já no primeiro momento, o Farah exigiu que nosso trabalho fosse baseado nesta tese. Até o último instante foi assim", recorda Odel, 17 anos após o crime. Em suas respostas, durante o interrogatório, Farah afirmou que Maria do Carmo se ofereceu a ele:

– Desde a primeira vez que ela ia trocar *(o curativo da primeira cirurgia na virilha)*, ficava em pé, ia de calça comprida branca e abaixava a calça e inclinava o corpo para trocar as fitas. Era uma mulher de seus 40 anos, nunca tinha tido filho e fazia ginástica, segundo comentava. Ela tinha um corpo perfeito. Eu falava para ela: "Maria do Carmo, pode vir de vestido, é preferível, fica mais fácil, não precisa abaixar". Ela ainda usava calcinha fio dental, esse modelo insinuante, sensual, provocante. Então todas as vezes ela fazia isso e ainda sorria um sorriso um tanto enigmático. Inicialmente, achei melhor deixar a porta encostada, sem fechar, por uma questão de respeito, para poder dar segurança.

O depoimento não acrescentou fatos novos ao processo. Em seu discurso, com expressões em latim, procurou demonstrar o quanto era uma boa pessoa:

– Acabamos tendo um envolvimento em 97, final do ano. Tivemos um episódio de envolvimento, foram quatro, cinco vezes, e foi quando comecei a perguntar sobre a vida particular dela, familiar. Perguntei: "E sua família, parentes?". Ela falou que nunca tinha tido filhos, morava com o marido, mas que o marido era como um irmão para ela, que não vivia maritalmente. Eu falei para ela: "Então, você deve voltar com seu marido". Não estava correto nem ter relação sexual com quem não fosse minha esposa. Mesmo eu sendo solteiro, não faz sentido com uma mulher casada. Ela disse: "Mas agora eu gostei, e você vai dizer que não gostou? Vai querer me dar um chute?". Eu disse, "Não é isso, Maria, é melhor partir para o correto". Ela disse: "É fácil dar um chute no traseiro". Me perdoe, a palavra que ela falava não era bem traseiro.

As saúdes física e mental de Farah se deterioraram com o decorrer dos dias na cadeia, e ele estava em constante observação, a pedido da Segunda Vara do Júri. Era comum o médico acordar os colegas de cela com gritos, resultado de um pavor noturno que o acometia nos últimos anos. Durante o sono, rangia os dentes a ponto de quebrá-los. A família acionou o psiquiatra Eduardo Viegas Mariz de Oliveira, primo do advogado Antônio Cláudio. Ele pediu tomografia, eletroencefalograma e exames de sangue, e prescreveu três medicamentos: Risperidona, para esquizofrenia e outros distúrbios psicóticos; o antidepressivo Zoloft; e Rivotril, indicado para ansiedade e transtorno de humor. Além disso, o psiquiatra iniciou um acompanhamento terapêutico, com consultas rotineiras na delegacia.

Para fazer os testes laboratoriais, o réu deixou novamente a DP. Foi levado à Beneficência Portuguesa, instituição particular. As idas aos hospitais e emergências se tornaram rotina. Só no primeiro ano e meio de cadeia, foram 13 atendimentos em casas de saúde privadas, entre elas o Sírio-Libanês e o Adventista – os Farah assumiram os custos em todas as ocasiões. A maior parte, por sangramentos digestivos, provocados por crises de gastrite e de diverticulite. Porém, o câncer, em constante observação, não voltou a se manifestar.

A mente de Farah seguia igualmente em escrutínio. A pedido do Conselho Regional de Medicina do Estado de São Paulo e de sua defesa, o médico foi submetido a uma série de avaliações que buscavam confirmar ou descartar uma patologia psiquiátrica severa. O Cremesp queria, com isso, definir a situação até então provisória: a suspensão do registro de Farah como médico. Já a defesa pretendia arriscar um novo caminho. Para isso foi preciso convocar peritos aptos a determinar se o cliente era inimputável (incapaz de entender o caráter ilícito do fato e/ou de sua ação), semi-imputável (se teve perda parcial da capacidade de discernimento) ou imputável. Caso viesse a ser diagnosticado com uma patologia que justificasse a inimputabilidade, Farah passaria o restante de seus dias em instituições psiquiátricas, jamais voltaria à vida em sociedade e não seria julgado. Se fosse considerado semi-imputável, o parágrafo único do artigo 26 do Código Penal previa uma redução da pena em até dois terços do total da condenação.

Por isso, em virtude das avaliações solicitadas pelo Cremesp, o mês de maio de 2003 foi uma espécie de divã para Farah. Nos primeiros dias, a psicóloga Carla Hisatugo aplicou o Teste de Rorschach, criado em 1921 pelo psiquiatra e neurologista suíço Hermann Rorschach para identificar traços de personalidade: o paciente observa dez cartões com manchas pretas e brancas e diz o que vê em cada uma das imagens. As respostas são analisadas e interpretadas de acordo com uma tabela. O teste fornece índices que permitem ao especialista verificar, por exemplo, condições intelectuais, afetivas e emocionais, controle geral de processos racionais e afetivos, adaptação e ajustamento social, e controle da impulsividade. A princípio reticente, Farah concluiu a tarefa.

Dias mais tarde, a psicóloga entregou um extenso relatório ao conselho: "Não há indícios para constatar uma presença significativa e mais intensa de sintomas relacionados com um quadro depressivo, de funcionamento psíquico obsessivo-compulsivo ou hipervigilante, ou mesmo a presença de algum distúrbio psiquiátrico relacionado com a percepção da realidade. Além disso, não há indícios suficientes para constatar potencial suicida no examinado". O documento conclui: "Os dados sugerem que há um estresse emocional crônico e dificuldades de relacionamento interpessoal afetivo – com perspectivas mais parciais, incomuns e originais sobre os outros e sobre eventos –, havendo dificuldade de expressar e vivenciar suas emoções. Entretanto, existe inteligência e capacidade de observação e planejamento acentuados, com auxílio de grande potencial para reflexão sobre ações e seus resultados e do uso da razão em detrimento da emoção para lidar com as diversas situações de seu dia a dia".

O trio formado pelos psiquiatras Itiro Shirakawa, Claudio Cohen e Mauro Gomes Aranha de Lima encontrou Farah na 13ª DP na segunda quinzena de maio para a segunda e última etapa da avaliação para o Conselho Regional de Medicina. Antes mesmo de se apresentarem, o preso pediu para que um deles trocasse o curativo que mantinha na área da cirurgia para a remoção do câncer – com problemas para fechar, o procedimento precisou ser refeito duas vezes por conta disso. De atadura nova, durante quase três horas ele narrou seu histórico médico, o uso de anticonvulsivantes prescritos após episódios de desmaios e falou de sua vida amorosa. E, claro, do assassinato e da ausência de consciência que alegava ter tido durante o crime. Os médicos não encontraram traços de personalidade que o impedissem de exercer a profissão. Mas sugeriram que o Cremesp o mantivesse suspenso até que a Justiça considerasse o caso esclarecido. Eles reforçaram a recomendação de que Farah só voltasse à medicina quando a crise de ausência fosse "no mínimo" tratada, para que não se repetisse durante um atendimento.

A advogada Beatriz Rizzo providenciou um outro estudo da saúde mental do cliente: convocou o psiquiatra forense Guido Arturo Palomba, perito habilitado nos tribunais da capital paulista e ex-chefe do antigo Manicômio Judiciário de São Paulo, à época com mais de 30 anos de experiência. Caberia a ele responder a duas perguntas importantes para a defesa: Farah sofria de algum transtorno mental? Em caso positivo, quais as implicações psiquiátrico-forenses? Se o parecer estivesse de acordo com os interesses do réu, o documento seria usado judicialmente. Para iniciar sua avaliação, o doutor Guido recebeu uma cópia do processo – já com 12 volumes e cerca de 2.400 páginas – e conversou com Dona Amália, Sleman e Maria, mãe e irmãos do cirurgião, sobre o histórico familiar. Só depois encontrou Farah.

Em 2 de junho de 2003, de terno, barba feita, cabelos

penteados e com o indefectível cajado, Farah foi à sala da 13ª DP, na qual estava Guido Palomba:

— Olá, colega — disse o preso.

— Boa tarde, colega — respondeu o psiquiatra, sem transparecer surpresa com a abordagem.

Farah sabia com quem estava falando. Insistia em dizer que agiu em legítima defesa e que perdera a memória a partir do momento em que revidou o suposto ataque de Maria do Carmo. Falou também de sua saúde, dos desmaios na faculdade quando foi submetido a um eletroencefalograma que teria detectado uma anormalidade. Por conta disso, alegou ter tomado, de forma irregular, Hidantal e Gardenal (medicamentos para epilepsia). Contou do câncer e da má cicatrização das cirurgias; do herpes crônico que duas vezes ao ano surgia na virilha e no pênis; do tremor constante da pálpebra esquerda. Queixou-se de vista turva e enxaquecas que causavam náuseas e desmaios. E discorreu longamente, como sempre, sobre sua relação com a vítima e como ela o fazia se sentir perseguido.

Tudo foi anotado pelo perito forense. "Cria que os seus passos estavam sendo vigiados por câmeras colocadas estrategicamente, tinha impressão de que a conversa estava sendo gravada, que existiam pessoas no restaurante colocadas propositadamente pela vítima. Chegou a escutar passos de pessoas que o seguiam. Assim, passou a ter certas condutas de precaução, como, por exemplo, quando pegava carona com o irmão, evitava ser visto e escondia-se no banco do carro. Ou quando fechava as janelas de seu apartamento — com sacos de lixo pretos. Também tinha 'condutas persecutórias', como quando ligava para o irmão falando que suspeitava de pessoas no seu encalço, ou quando levava para a casa da irmã e lá jogava fora a correspondência que recebia em casa ou na clínica, pois achava que o seu lixo estava sendo vasculhado", descreveu Guido Palomba no relatório.

Farah narrou também episódios de *déjà-vu* e sensação de que sua alma saía do corpo. "Já me vi deitado, andando. É esquisito. Já aconteceu várias vezes de eu estar fazendo uma coisa e sentir estranho ter feito aquilo", relatou.

Ao avaliar que conquistara a confiança do preso, Palomba disparou:

– Você se arrepende do que fez?

– Existem dois arrependimentos. Perante a lei dos homens, eu acho que não fiz a coisa tão errada assim. Eu me senti humilhado, execrado, um lixo. Recebi um carimbo de monstro, que não consigo me desvencilhar. Perante a lei de Deus, o arrependimento religioso, eu peço perdão a Deus, pois pela orientação religiosa eu deveria ter permitido que ela me matasse, mas não fiz isso.

"Em momento algum ele se arrependeu do que fez com a vítima, só das consequências que recaíram sobre ele. É arrependimento egocentrado", disse o psiquiatra Guido Palomba em entrevista para este livro. Profissional de renome, ele lançou em 2017, pela Editora Saraiva Jur, o livro "Insania furens – Casos verídicos de loucura e crime", em que dedica parte do terceiro capítulo ao crime cometido por Farah, sob nome fictício de José. A obra trata dos estudos da mente de outros 24 criminosos, entre eles Suzane von Richthofen, Elize Matsunaga e Francisco de Assis Pereira, o Maníaco do Parque.

Na conclusão de seu relatório, o psiquiatra afirmava que Farah cometeu o crime "em estado crepuscular". A condição é resumida por Guido, em seu livro, da seguinte forma: "É um estado de estreitamento de consciência, que fica voltada e restrita a um círculo sistematizado de ideias, podendo o sofredor comportar-se de forma relativamente ordenada, que dura minutos, horas ou dias e, via de regra, com amnésia lacunar para o período crepuscular". E citou dois textos do direito penal sobre como isso impactava o processo.

> *"O partido a tomar pelo perito, declarado o diagnóstico de epilepsia, é que não é o acusado responsável pelo crime cometido. Não ponho a menor dúvida nessa afirmação".* ("Psicopatologia forense", de Afrânio Peixoto, 1923).
> *"O crime cometido como manifestação epiléptica caracterizada está isento de penas e incurso no art. 22 do Código Penal* (atual art. 26 do mesmo Codex)". ("Psicopatologia forense", de José Alves Garcia, 1979).

O laudo do doutor Guido Palomba foi incluído no material da defesa.

O parecer oficial só foi sair no fim de 2007. Atendendo à solicitação do juiz Rogério de Toledo Pierri, o Instituto de Medicina Social e de Criminologia (Imesc) designou os psiquiatras forenses Marco Antônio Beltrão e Paulo Sérgio Calvo para avaliarem o réu. Os dois entrevistaram Farah e, para concluir o parecer, solicitaram que a médica Hilda Morana realizasse um novo Teste de Rorschach. Os resultados dos exames foram consolidados por Beltrão e Calvo em um documento incluído no processo. Na conclusão, os psiquiatras registraram que Farah sofria de uma sobreposição de patologias, sendo uma delas preponderante: o Transtorno de Personalidade Borderline (TPB), distúrbio caracterizado por um padrão generalizado de instabilidade e hipersensibilidade nos relacionamentos interpessoais, instabilidade na autoimagem, flutuações extremas de humor e impulsividade. O TPB acomete 6% da população mundial. No Brasil, 10% das pessoas diagnosticadas com esta alteração cometem suicídio, segundo dados da Associação Brasileira de Psiquiatria.

"Por isto, sob a ótica médico-legal, é semi-imputável para o primeiro ato (homicídio) e inimputável para o segundo (destruir e vilipendiar cadáver – na leitura médico-legal não se observou intenção de ocultar). Embora pelas características dos males apurados a possibilidade de reincidência no delito em pauta ou no comedimento de outros seja remota, a prudência médica recomenda que ao periciando seja determinado tratamento psiquiátrico ambulatorial, do tipo associado, com emprego de psicofármacos (a serem escolhidos pelo especialista que venha a assisti-lo) e psicoterapia de base analítica em regime de duas sessões semanais, por prazo não inferior a dois anos", concluiram Beltrão e Calvo no documento.

O jeitinho aparentemente manso e a fala calma transformaram Farah em Farahzinho atrás das grades. "Acordavam-me de madrugada, pedindo para fazer pão – tínhamos uma frigideira e um aquecedor elétrico. Gostavam das comidas que aprendi a fazer com minha mãe", declarou em entrevista, anos depois. Em setembro de 2005, Seu Jorge não resistiu a um câncer avançado de próstata e à cirrose provocada por hepatite C: faleceu em um hospital da capital paulista. A saúde de Dona Amália degringolou de vez com a morte do marido. Em 22 março de 2007, a matriarca dos Farah morreu por problemas no fígado e uma peritonite. Por dois meses não pôde ver o filho solto.

Com uma mão sobre o peito, a outra no cajado e as costas curvadas, vestindo terno e gravata, Farah deixou a carceragem da 13ª DP no dia 30 de maio de 2007, quatro anos, quatro meses e quatro dias depois de ser preso. A liberdade foi o resultado de um pedido de habeas corpus impetrado por Roberto Podval. "Houve prisão processual, alegando perigo de destruição de provas ou de fuga. Acreditamos que ele (Farah) não vai fugir, pois na época do crime chamou as autoridades, apresentou as provas e se entregou", disse o criminalista à edição do "Estado de S. Paulo" que noticiava a liberdade do criminoso.

A solicitação foi aceita pela Segunda Turma do Supremo Tribunal Federal, em parecer assinado pelo relator do caso, Gilmar Mendes. Também votaram a favor do habeas corpus os ministros Eros Grau, Cezar Peluso e Celso de Mello. O único com posição contrária foi Joaquim Barbosa, que justificou: "Eu me pergunto se nós não estaríamos aqui diante de uma gravidade imanente decorrente da brutalidade e da crueldade que levaria, seguramente, ameaça à ordem pública".

A decisão da Segunda Turma confirmou jurisprudência do Supremo que veda toda prisão preventiva que não esteja fundamentada em fatos objetivos e concretos. "A prisão preventiva para a garantia da ordem pública, fundada na gravidade do delito e na necessidade de acautelar o meio social, não encontra respaldo na jurisprudência deste tribunal", disse Gilmar Mendes. Segundo ele, as "únicas afirmações ou adjetivações" utilizadas para determinar a prisão preventiva de Farah estavam pautadas "no *modus operandi* da prática criminosa imputada ao paciente [ao médico] e na comoção social que a gravidade do delito causou na sociedade paulistana". Farah não poderia seguir preso sem ter sido julgado, argumento parecido com o utilizado pelo STF para libertar o ex-presidente Luiz Inácio Lula da Silva em novembro de 2019.

Escoltado por advogados, Farah saiu da cadeia direto para o escritório de Podval, para despistar a imprensa, de plantão na porta da delegacia. De lá foi para seu velho endereço, o apartamento dos pais na Vila Mariana.

Sem dinheiro, vivendo apenas da aposentadoria como funcionário público, com boa parte do que tinha acumulado ao longo da vida usada em sua defesa, passou a ter a ajuda dos irmãos para sobreviver. Voltou aos estudos enquanto esperava a conclusão do processo e o julgamento, que seguiam a passo de cágado. A primeira data para o tribunal foi agendada para dezembro de 2007. Caiu. Daí passou para o sugestivo 1º de abril de 2008. Mas houve novo adiamento e não aconteceu no dia internacional da mentira. Neste meio tempo, Antônio Cláudio Mariz de Oliveira deixou a equipe de defesa, que ficou a cargo dos sócios do escritório de Podval.

Finalmente, em 15 de abril de 2008, o julgamento teve início no Segundo Tribunal do Júri, no Foro Regional de Santana. A mídia não perdia um minuto. O espaço dedicado ao fato foi imenso, mesmo que um outro caso chocante estivesse em destaque naqueles dias: o assassinato da menina Isabella Nardoni, de 5 anos, que tinha como suspeitos o pai e a madrasta da criança. Não faltaram repórter e cinegrafista para registrar o tombo sofrido por Farah Jorge Farah ao se sentar no banco dos réus, às 10h da manhã. A sessão sofreu um atraso de cinco horas porque funcionários da Justiça esqueceram de intimar uma das 23 testemunhas – dez convocadas pelo Ministério Público e 13 pela defesa.

O júri era formado por cinco mulheres e sete homens. Estavam no tribunal, ao lado de outros parentes, Dona Adelice e Seu Amaro, pais de Maria do Carmo. "Minha filha era evangélica, odiava adultério. Era casada e não precisava deste velho", disse a mãe da vítima, irritada com o uso do argumento da defesa de Farah, que, no vai e vem de recursos e apelações, era acusado de homicídio duplamente qualificado – por motivo torpe (vingança) e dissimulação, uma vez que teria atraído Maria do Carmo ao local do crime – e ocultação de cadáver.

A aparência debilitada do réu contrastou com a firmeza de raciocínio demonstrada no interrogatório. Sua primeira frase para o juiz Rogério de Toledo Pierri foi:

– Houve uma luta, excelência.

Daí em diante, repetiu toda a história de como conheceu Maria do Carmo, incluindo a parte em que afirmara que a vítima tinha se oferecido a ele. Falou do rompimento que descambou na enxurrada de ligações telefônicas e de como isso teria impactado sua vida: Farah usou a palavra medo nove vezes para explicar suas atitudes, incluindo aí os muitos boletins de ocorrência denunciando perseguição.

– Foi legítima defesa – disse.

Durante a peleja física que alegou ter travado com a pernambucana deixou de ter consciência dos fatos. Por isso, qualquer afirmação que fizesse seria "interpretar um sonho ou pesadelo".

Na sequência, foram ouvidas as testemunhas. Psiquiatras, peritos, policiais, secretarias, legistas e ex-pacientes, assim como Tânia, sobrinha de Farah, e João Augusto, viúvo de Maria do Carmo. Os depoimentos, que incluíram pacientes que acusaram o então médico de abuso sexual, só terminaram na tarde de 16 de abril, dia marcado pelo confronto entre os parentes. Tânia afirmou que João tentara extorquir seu tio.

– Ele *(João)* disse que o doutor Farah tinha molestado a mulher dele e tinha que pagar por isso. Ele queria dinheiro.

O porteiro rebateu, justificando o pedido de indenização:

– É mais para me vingar um pouco – disse, e alegou que nunca teve conhecimento nem da perseguição da vítima ao réu, nem do romance entre eles: – Eu não admitiria.

De olhos fixos e ouvidos atentos, o réu alternava momentos de aparente constrangimento com anotações em um bloco. Volta e meia passava bilhetes a seus advogados.

Mas a maior parte do tempo ficou tão tranquilo que chegou a bater papo com um policial a seu lado, enquanto uma testemunha era interrogada. Alguns depoentes da acusação, como João, pediram que o criminoso fosse retirado da corte quando precisaram ser ouvidos. Em contrapartida, a professora Marina Borini, colega do réu no Projeto Rondon e uma das pessoas convocadas pela defesa, chegou a pedir um abraço a Farah.

O segundo dia de julgamento terminou com a exibição do filme "Atração fatal", por solicitação da equipe de Podval, para quem, neste caso, qualquer semelhança com a realidade não era mera coincidência. Lançado em 1987, o thriller psicológico conta a história do advogado casado Dan Gallagher (Michael Douglas) que, depois de uma noite de sexo com a executiva Alex Forrest (Glenn Close), vê sua vida virar um inferno. Em sua obsessão para manter o relacionamento com Dan, Alex passa a ameaçar sua família com telefonemas, aparições surpresas e gestos violentos.

O último dia do tribunal, 17 de abril, foi de manifestações do Ministério Público e da defesa. Durante três horas e 54 minutos, o promotor Alexandre Marcos Pereira elencou argumentos responsabilizando Farah, incluindo a premeditação do crime.

- Maria do Carmo foi anestesiada enquanto estava viva. O réu a atraiu para se livrar dela. Não havia sinais de luta, segundo os laudos - afirmou, aproximando-se do júri.

Pereira disse também que o médico queria se vingar da paciente por achar que ela denunciara a clínica à Vigilância Sanitária - o que só depois do assassinato ficou comprovado não ter ocorrido.

— Ele não era o médico bonzinho, de vida pacata, que, por um azar do destino, cruzou com a maquiavélica Maria do Carmo.

Segundo o promotor, Farah "sistematicamente violava a obrigação suprema de respeitar as pacientes, visto que as teria assediado sexualmente". O Ministério Público rechaçou a versão de que a pernambucana perseguia o réu; Pereira mostrou gravações de conversas telefônicas em que combinavam manter a relação em segredo.

Roberto Podval argumentou por duas horas e 23 minutos que seu cliente agira sob forte emoção, após cinco anos de perseguição. O criminalista insistiu nas milhares de chamadas mensais, mostrando, literalmente, as pilhas de registros telefônicos.

— Entre fevereiro e março de 2002 ela realizou mais de cinco mil ligações. Se essa lista não tivesse vindo da empresa telefônica, eu acharia que era montagem. Agora, me diga se este monte de ligações não leva um homem à loucura? — argumentou, lançando a pergunta para os jurados.

O advogado negou a ocultação de cadáver, já que o próprio Farah avisara à família onde o corpo estava. Afirmou ainda que todos os processos pelas supostas vítimas de assédio foram arquivados por falta de provas. E insistiu no laudo oficial que conferia ao seu cliente a semi-imputabilidade.

Os jurados ficaram reunidos por menos de duas horas. Às 21h20, saiu a sentença: 13 anos de reclusão em regime fechado acrescidos do pagamento de meio salário mínimo de multa. O juiz Rogério de Toledo Pierri registrou que o criminoso poderia recorrer em liberdade.

– Não se pode confundir a comoção, o choque que é ver as fotos do corpo esquartejado com uma reprimenda que não fosse ajustada – disse Pierri.

Com isso, ambos os lados viram motivos para comemorar. A promotoria avaliou que foi feita Justiça, porém avisou que pediria o aumento da pena. Uma sobrinha da vítima abraçou o promotor: "Deus te abençoe", disse a moça. Mas nem todos os parentes de Maria do Carmo ficaram satisfeitos. Dona Adelice reagiu: "Foi pouco para o que ele fez com minha filha".

Podval considerou a sentença uma vitória, pelo fato de seu cliente sair do Fórum em liberdade. Contudo, avisou que, assim como o outro lado, também recorreria. "A gente tem muito recurso pela frente", disse, antes de enumerar seus questionamentos sobre a validade do julgamento: a ausência de dois advogados de sua equipe, por motivo de doença, justificada, porém desprezada; a ordem do depoimento de duas testemunhas, que considerou invertida e prejudicial ao seu trabalho; o fato de os jurados não terem considerado o laudo oficial de semi-imputabilidade do réu, o que por si só já era motivo suficiente para questionar a validade do pleito. Farah foi embora do Fórum sem falar com ninguém.

As apelações e recursos tanto para aumento da sentença, por parte do Ministério Público, como pela anulação do julgamento, defendida pelos advogados de Farah, arrastaram-se por cinco anos. No fim de janeiro de 2013 o Tribunal de Justiça de São Paulo ordenou que um novo júri fosse formado. Por dois votos a um, os desembargadores da

2ª Câmara de Direito Criminal do TJ decidiram que a decisão do julgamento de 2009 foi "manifestadamente contrária à prova dos autos". O motivo foi a desconsideração de laudos que apontavam a semi-imputabilidade de Farah. Começou, então, a celeuma em torno da data para um novo júri. Foram cinco adiamentos, por motivos distintos, até que a nova agenda fosse fixada.

A edição de 13 de maio de 2014 do jornal "O Estado de S. Paulo" dedicava uma breve nota de rodapé ao início do novo julgamento ocorrido na véspera, numa clara demonstração da falta de interesse. Muitas das testemunhas arroladas em 2008 não quiseram comparecer. Até mesmo membros da família Farah se esquivaram, já esgotados pelo impacto do caso em suas vidas.

Para o plenário 10 do Fórum Central da Barra Funda, de 12 de maio de 2014, a defesa convocou oito nomes para depor a favor do réu e o Ministério Público, o mesmo número de testemunhas. A audiência, presidida pelo juiz Rodrigo Tellini de Aguirre Camargo, começou às 9h30, com Odel Mikael Jean Antun representando Farah em oposição ao promotor André Luiz Bogado Cunha, diante de um júri formado por cinco mulheres e dois homens.

Como de praxe, o réu foi o primeiro a ser ouvido. A idade, 65 anos, não o fez menos eloquente. Farah falou por cinco horas, repetindo o que já dissera no passado.

– Eu vou continuar dizendo, até que Jesus volte, eu não tenho certeza da ordem dos fatos – declarou, reafirmando que agiu em legítima defesa e chamando de "mentira deslavada" as acusações de violência sexual feitas por ex-pacientes.

Uma única frase soou diferente, ao narrar o momento em que se deu conta do que havia feito:

– Eu queria morrer. Talvez ainda queira.

Para a plateia de pouquíssimas pessoas, a frase – registrada em vídeo, um recurso novo à época – pode ter soado como mais uma chantagem emocional.

A favor do réu foram ouvidas suas secretárias, ex-pacientes que testemunharam as insistentes ligações de Maria do Carmo, peritos que realizaram laudos sobre sua sanidade mental e também o dono da pensão que despejou João Augusto e a vítima por conta das encrencas com outras inquilinas. A lista de testemunhas da promotoria incluía psiquiatras que também avaliaram Farah mas que não diagnosticaram transtornos mentais, o viúvo, uma paciente que o processou por imperícia médica e assédio sexual, o delegado Italo Miranda Junior, o médico da Vigilância Sanitária que interditou a clínica e um legista que periciou o cadáver.

Odel Antun e André Bogado gastaram a maior parte do tempo fazendo perguntas aos médicos que avaliaram a saúde mental de Farah. Foram mais de duas horas de interrogatório com os peritos convocados pela defesa, Marco Antônio Beltrão e Hilda Morana, que ratificaram o conteúdo do laudo oficial de 2007. Psicanalista além de psiquiatra, Beltrão usou de sua experiência para definir facetas de Farah. Segundo ele, o ex-médico tinha uma personalidade limítrofe, com características que, diante da situação em questão, "não pudesse agir de uma forma diferente da que agiu". Avaliou ainda que, na mente do criminoso, "havia uma figura materna – uma poderosa mãe fálica – e um pai com uma posição ausente". Questionado, respondeu que o ex-médico não teria a mesma atitude contra um homem. Hilda seguiu a mesma linha do colega e afirmou que "quando ele sente uma aflição muito intensa, se descontrola". Assegurou que Farah "não é louco, entende o que faz", porém disse que ele exibia descontrole sob forte pressão.

Intimados pelo Ministério Público, os psiquiatras Itiro Shirakawa e Mauro Gomes Aranha de Lima, que analisaram Farah a pedido do Cremesp em 2003, ratificaram a conclusão da época: não foi possível diagnosticar um transtorno mental (como bipolaridade, ansiedade ou esquizofrenia, por exemplo), mas sim traços de alteração de personalidade. De todo o jeito, observaram características de índole anti-social e outras de caráter histriônico, voltado à teatralidade. O portador destes tipos de alterações pode ter necessidade de chamar atenção, emotividade excessiva e anseio contínuo por admiração.

– Ele não é um psicopata. Dentro dos exames que fizemos foi identificado que não apresentava alucinações, delírios. Não tinha alterações psicopatológicas passíveis de nota – disse Itiro.

Na sentença anunciada quatro dias depois do início do julgamento e proferida pelo juiz Rodrigo Tellini, o júri não levou em conta a principal tese da defesa, a semi-imputabilidade do réu. Entendeu que o ex-médico não estava fora de si, podia ser julgado pelos crimes e que o assassinato fora premeditado. Resultado: condenação de 16 anos por matar e esquartejar Maria do Carmo.

O promotor André Bogado se disse satisfeito. Ao site da "Folha de S. Paulo", ele explicou que Farah poderia ficar solto até o trânsito em julgado do processo (quando todas as possibilidades de recurso se esgotam), o que não tinha prazo para acontecer. "Se a pena for mantida, o ex-cirurgião poderá voltar à prisão e cumprir cerca de um ano em regime fechado. Isso porque ele já cumpriu quatro anos e meio de prisão", publicou o site do jornal paulista.

A equipe da defesa deixou o Fórum sem comentar o veredito. No dia seguinte, entrou com um novo recurso, e depois outro e depois mais outro. Até que em 22 de setembro de 2017 o Superior Tribunal de Justiça mandou que a ordem de prisão fosse imediatamente cumprida.

7
VESTIBULAR PARA LIBERDADE

Diz o ditado que o criminoso sempre volta ao local do crime. Com Farah Jorge Farah não foi diferente. Dias depois de deixar a cadeia, em 30 de maio de 2007, o então ainda médico retornou ao endereço de sua clínica, em Santana. Não chegou a entrar no imóvel, já vendido e transformado em apartamento residencial por uma família. "Quem falar mal dele é por conta do assassinato. Até o dia em que aquilo aconteceu, ele era um homem que sempre cumprimentava a todos, gentil, educado. O único problema dele por aqui era com a placa com versículos da Bíblia na fachada do prédio. Gente de outras crenças não gostava e reclamava. Só isso", conta o comerciante José Rodrigues, que há 42 anos trabalha na Ótica Pujol, ao lado do edifício que abrigava a clínica.

Rodrigues lembra que o médico reapareceu abatido e cabisbaixo, mas conversou com antigos vizinhos, velhos conhecidos, e contou que estava estudando para prestar novo vestibular. Pretendia cursar direito na mesma instituição em que fora admitido dias antes do crime, a Universidade Paulista (Unip). Mas enfrentava uma dificuldade: não conseguia enxergar bem. O grau dos óculos estava defasado. Penalizado, Rodrigues deu de presente uma armação com lentes de leitura sob medida.

Novamente aprovado, Farah começou a frequentar as aulas em agosto de 2007, com a matrícula 563569-0. Os dias no campus no bairro do Paraíso nunca foram fáceis, porém bem melhores do que atrás das grades. "Exceto pela oportunidade de estudar, as portas se fecham frequentemente; olhares, gracejos, o isolamento e o pré-julgamento por parte das pessoas são uma constante punição", declarou à "Época".

Logo no início foi reconhecido pelo nome e alguns alunos tentaram organizar uma manifestação pedindo sua expulsão. "A decisão de soltá-lo foi do Supremo. Então, eu não poderia questioná-lo", disse Márcio Bico, que presidia o Diretório Central dos Estudantes da Unip.

De cabeça baixa, com os inseparáveis cajado e boina, hábito que herdou do pai, Farah se mostrou um aluno aplicado, sempre na primeira fila e anotando cada palavra dos professores. Dispensado da disciplina medicina legal, suas piores avaliações foram em direitos civis: pessoas e bens e em ciências sociais, ambas com nota 7,3. Em teoria do direito penal teve o melhor resultado: 8,7, média que nunca voltou a alcançar ao longo dos três anos cursados.

Seu interesse pela profissão não se limitava ao currículo. "Em diversas ocasiões, fui convidado para dar aulas e palestras de direito e o via sentado na plateia. Eram eventos fechados. Não tenho ideia de como ele ficava sabendo. Ao final, ele sempre vinha me cumprimentar, conversar", conta o criminalista Antônio Cláudio Mariz de Oliveira.

Impedido de exercer a medicina, com o registro cassado desde novembro de 2006, e órfão, Farah procurava manter uma rotina cheia. Saía bem cedo do apartamento dos pais na Vila Mariana, onde morava desde que deixara a cela da 13ª DP. Antes que o sol nascesse, levantava da cama da mãe, que escolheu para ocupar, tomava café e ia de ônibus para a Unip, na região da Avenida Paulista. Só voltava à noite. Aproveitava para almoçar no restaurante do próprio campus, onde costumeiramente ouvia a piada: "Olha o Farah aí, gente! O prato do dia vai ser picadinho".

A rejeição a sua presença na faculdade de direito se

multiplicou com o julgamento, em maio de 2008. A figura de um homem apoiado num cajado já se destacaria por si só em meio a tanta gente jovem, mas o que lhe deu mais destaque foram as reportagens policiais, que voltaram à pauta com a proximidade do tribunal. Era comum estudantes apontarem em sua direção. Em uma dessas ocasiões, Farah descreveu a reação de uma moça: "Ela deu um pulo, como se eu fosse esquartejá-la". Não raro alguém fazia uma pergunta sobre o crime. Recorria a metáforas na hora de responder: "Você já ferveu leite? Deixou derramar no fogão? Mais de uma vez, não foi? Por que deixou derramar? Porque ferveu demais".

Como gato picado por cobra tem medo até de salsicha, Farah um dia caminhava na sala de aula, quando um professor mexeu com ele:

– E aí, aprontando muito?

– Não, já paguei pelo que fiz.

O docente do curso de história Elton Ribeiro contou para a revista "Época" que não tinha ideia de quem era o aluno. Quando soube, passou a observar o desconforto que ele provocava nos colegas. "Um dia ele chegou com umas geleias coloridas e deu uma para mim e outra para uma estudante. A sala toda parou. Parecia que os doces poderiam estar envenenados". Era normal que depois que Farah escolhesse o lugar onde se sentaria, o restante da turma migrasse para outro canto. Mas a reação a sua presença não incomodava a ponto de desencorajá-lo. Tanto que passou a cursar também as aulas de filosofia na Unifesp, a Universidade Federal de São Paulo. Diariamente, saía da Unip, colocava nas costas uma mochila e enfrentava de ônibus e metrô os 35 quilômetros que separam as instituições. Faziam parte do figurino luvas de tecido puídas entre os dedos, o que deixava claro seu desleixo.

Incomodados com sua presença na instituição federal, alunos afixaram reportagens sobre o crime e frases de repúdio nos corredores e tentaram organizar um abaixo-assinado para que ele fosse expulso. "Embora seja estranho imaginar que um homem dócil e fisicamente inexpressivo, de 1,60m e uns 45 quilos, tenha sido protagonista de um ato tão bárbaro, o medo que as pessoas têm é justificável. Sou a favor da reinserção social de condenados. Mas me incomoda ver que o senhor Farah está desfrutando de um benefício público e tirando a vaga de alguém, talvez um jovem que muito provavelmente não matou ninguém", disse um aluno na ocasião.

A rejeição não era capaz de abalar completamente as esperanças de Farah. Tanto que ele dizia que desejava formar uma família e dar netos a seus pais "quando encontrá-los". "Mas tudo isso fica difícil face à constante e quase irrestrita discriminação, haja visto que tive indeferido o meu ingresso até mesmo no cargo de escriturário do Cremesp, para o qual fui aprovado no concurso público", afirmou, em 2009.

Em 15 de julho de 2009, o Conselho Regional de Medicina de São Paulo cassou em caráter definitivo o registro de Farah. Como reza a tradição, na solenidade de formatura, ele prometera cumprir o juramento de Hipócrates, que, entre outras coisas, compromete o profissional "a aplicar os regimes para o bem do doente segundo o poder e entendimento, nunca para causar dano ou mal a alguém". A partir daí, o ex-médico passou a demonstrar admiração por um outro nome da Grécia Antiga, Sócrates, a quem chamava de "titio". Um dos principais pensadores de seu tempo, foi levado ao tribunal por não reconhecer os deuses de Atenas. Condenado por 281 votos contra 220, recebeu sem surpresas a pena de morte. "Sócrates mostrou o incômodo que a falsa sabedoria causava às pessoas", comentou Farah.

A jornalista Solange Azevedo, autora da extensa reportagem de capa da "Época", recorda-se bem do contato com o entrevistado. Para convencê-lo a acompanhá-lo em sua rotina, foram necessários vários telefonemas e trocas de e-mails, através do endereço de Hotmail que Farah mantinha. "Alguns pontos me chamaram a atenção em nossas conversas. Um deles era o jeito como ele se referia aos pais, parecia não ter virado adulto. Falava como se fosse um menino, que faz tudo pensando em agradar. Principalmente quando se lembrava da mãe". Outra observação da jornalista foi que em momento algum Farah demonstrou agressividade. "O tempo todo ele queria se mostrar inofensivo. Quando a questão envolvia os detalhes do crime, ele tergiversava". Depois da reportagem publicada, o personagem central ainda manteve contato com Solange. Chegou, inclusive, a avisá-la de que seria mesário numa eleição. Queria cobertura da imprensa.

Desempregado, proibido de exercer a profissão, Farah vivia com o auxílio da família. "Vou usar uma gíria. Toda semana passo o chapéu para meus parentes me ajudarem", disse, em entrevista ao site G1, em abril de 2010. "Eu era o grande doutor Farah. Hoje sou apontado como o esquartejador na rua", disse ao portal R7, na mesma época.

Em 2010, o apartamento que Dona Amália e Seu Jorge deixaram de herança aos filhos na Vila Mariana, e onde Farah morava desde que saiu da cadeia, precisou ser vendido. "Ele quis voltar para a casa da Rua Neto de Araújo, onde se sentia bem, com as lembranças dos dias felizes", conta um parente.

Do mesmo jeito que acumulou especializações em diferentes áreas na medicina, Farah passou a agir de forma parecida nos cursos superiores que frequentava. Depois de direito e filosofia, prestou mais um vestibular. Foi aprovado em 2010 em 17º lugar entre os 210 admitidos para gerontologia na Universidade de São Paulo, curso destinado ao estudo da vida dos idosos. Assim como nas outras universidades, foi recebido com olhares indignados. "Tem gente que nunca conversa comigo, não vai com a minha cara e não admite que eu faça faculdade", disse ao G1. Mas nem tudo era desprezo. Nas imagens da reportagem do portal, ele é visto circulando pelos corredores da USP. Uma das colegas de classe deu depoimento. "O Farah entrou na sala e todo mundo aceitou bem. Até colocaram ele em alguns grupos de estudo. Todo mundo fala com ele. O passado dele não tem nada a ver com o presente", disse Valéria Lima Lins.

Na entrevista ao repórter Roney Domingos, do G1, Farah disse que não sabia distinguir o que era rejeição ou apenas uma vontade dos estudantes de chamarem sua atenção. Indagado se tinha uma companhia, respondeu que, apesar de manter amizades, vivia a maior parte do tempo sozinho. Em tom de autopiedade, disse que ninguém saberia avaliar o tempo que passou na cadeia e a perda do CRM.

– O senhor se arrepende?

– Essa é uma pergunta que vou lhe responder em outra ocasião. O que é o arrependimento, o que é a dor? Não a dor por si só. Isso eu quero colocar para você posteriormente. Se eu falar agora, será uma coisa muito simplista – disse o ex-médico, que, sobre o período preso, repetia sempre o mesmo: – Perante Deus, já paguei os meus pecados.

Como tudo a seu redor, a vida estudantil de Farah era caótica. Quando faltava menos de um ano para se formar em direito, abandonou o curso. Trancou também filosofia. Enquanto seguia frequentando gerontologia, prestou vestibular, desta vez para serviço social. De novo, foi aprovado. De novo, na USP.

O "Jornal do Campus", versão digital, publicou uma reportagem com o título "De Sócrates a dr. Robert: Farah Jorge Farah busca reinserção". O texto, assinado por Tainá Shimoda, dizia que, com a opção pelo curso de serviço social, ele pretendia dar continuidade à carreira de cirurgião plástico "para ajudar aos necessitados". Na entrevista, o ex-médico disse que estar entre jovens era uma oportunidade de convivência com pessoas despidas de preconceitos e vícios em pensamentos. Postada em 14 de novembro de 2012, a matéria teve um único comentário, assinado por Regiani Martins: "Nada mudou para mim com relação ao caráter do Dr. Farah, ele será eterno em meu coração ainda que nunca mais possa abraçar esse médico competente, esse ser humano maravilhoso".

De novo, Farah não terminou a faculdade. Interrompeu os estudos no segundo semestre de 2013, quando sua nota média era 8,1. Com o distanciamento do mundo acadêmico, ele passou a ter uma agenda menos corrida. Seus compromissos se resumiam às idas aos cultos da Igreja Adventista do Sétimo Dia e às visitas à irmã Maria, sempre aos domingos. Aproveitava para dirigir pela vizinhança seu velho Porsche fake, que guardava na garagem dela. Estacionava o carro por lá e voltava para o sobrado da Vila Mariana. Durante as noites, quando acordava com os costumeiros pesadelos, assistia a desenhos animados da Pantera Cor-de-Rosa. Seguia lendo bastante. E mantinha um cacoete de roçar as unhas das mãos umas nas outras, enquanto falava.

Pouco menos de um ano antes do segundo julgamento, Farah deu uma longa entrevista à revista "IstoÉ". Recebeu em sua casa com um café à moda árabe o repórter Antônio Carlos Prado. Falou da expectativa pelo novo julgamento, contou que fora aprovado em um concurso para estagiário da Advocacia-Geral da União, mas que só poderia assumir a vaga caso reabrisse a matrícula da faculdade de direito. Revelou que fez circuncisão quando teria se convertido ao judaísmo, no auge da paixão por Alaíde Levi. Contou ainda que estava lendo o livro "Quem está no comando", do neurocientista e professor Michael Gazzaniga, sobre livre-arbítrio. "Nossas decisões são programadas automaticamente a partir do que trazemos em nossa carga genética e das experiências de vida que tivemos. Quando uma questão chega à nossa consciência, ela já havia sido previamente decidida em uma parte de nossa mente a que não temos acesso", explica o autor sobre a obra que encantou o criminoso.

De tudo que é dito na reportagem da "IstoÉ", chama a atenção uma descrição do hall de entrada da casa de Farah. Um lado da lâmpada do teto estava coberto por uma embalagem velha de salgadinho, presa por uma fita adesiva. A explicação do morador ao jornalista foi que ele tinha feito a gambiarra para dividir a luz, criando assim dois ambientes.

A partir do segundo julgamento, o trem das dificuldades mentais começou a ganhar velocidade. Uma equipe do programa "Brasil urgente", da Band, acompanhou, à distância, a rotina de Farah. Sua liberdade, concedida pela Justiça até aquele momento, foi descrita pelo apresentador José Luiz Datena como "fim do mundo". As imagens mostravam o ex-médico saindo de casa cedo numa manhã de junho de 2014. Vestido de preto, com um casaco laranja nos ombros, carregando duas sacolas e o cajado, Farah aparecia entrando em um ônibus. Cerca de cinco quilômetros depois, desceu na Avenida 23 de Maio, sua rota preferida, até anos antes, para ir do consultório à casa dos pais. Caminhando, subiu em direção à Liberdade, bairro que abriga uma das unidades da igreja evangélica que um dia frequentou com Seu Jorge e Dona Amália. No caminho, revirou sacos de lixo empilhados por garis que varriam a rua. Pegou algo que lhe interessou e guardou na bolsa que levava cruzada no peito.

Os vizinhos da Rua Doutor Neto de Araújo assistiam a esse tipo de cena quase todos os dias. Era comum o criminoso revirar as lixeiras. Acumulou especialidades na medicina, aprovações em vestibulares, cursos superiores não concluídos e, agora, imundície. Vivia como uma espécie de ermitão. Raramente alguém lhe telefonava. Seus interlocutores mais constantes eram os advogados Odel Antun, Marcelo Raffaini e Luísa Muchon, a quem gostava de visitar de surpresa no escritório para saber de seu processo.

Cerca de oito meses antes de o Superior Tribunal de Justiça ordenar o cumprimento de sua prisão, Farah adotou um visual diferente. "Uma vez, ele passou aqui na porta e eu notei que estava de sutiã. Falei, 'gente, o homem está de sutiã'. Depois, outra vizinha disse que ele tinha colocado peito", contou uma moradora da Rua Neto de Araújo ao jornal "O Estado de S. Paulo" de 23 de setembro de 2017. A edição do mesmo dia da "Folha de S. Paulo" publicou o depoimento de Sônia Cristina Rodrigues, também vizinha, que contou que Farah se sentia perseguido: "Ele não gostava de ninguém andando atrás dele na rua; parava e esperava passar".

Apenas às pouquíssimas pessoas com quem mantinha contato, o ex-cirurgião explicava que seu seio estava crescendo por efeito colateral de uma medicação que tomava para o coração. Mas nada dizia sobre o aumento da medida dos quadris; muito provavelmente achava que era imperceptível sob as roupas masculinas que ainda usava. "Eu acredito que ele sempre teve uma questão muito mal resolvida com a própria sexualidade. Algo que o Farah não admitia nem para si mesmo, mas que o perturbava demais", diz uma pessoa muito próxima, que acompanhou a vida dele nos últimos 40 anos.

Momentos após o suicídio, um dos advogados de Farah, Marcelo Raffaini conversou com a imprensa e lembrou que dentro do processo penal havia um laudo oficial que garantia a semi-imputabilidade, por Transtorno de Personalidade Borderline.

O promotor do caso, André Bogado, em entrevista para este livro, disse que o fim do ex-médico lhe causou surpresa: "Eu não esperava que ele se matasse. O que não me espantou foi o modo como se suicidou. A música, o corte na femural, as roupas, tudo foi sua última grande encenação. Parecia coisa de filme. O que combina com o caráter histriônico, teatral, que faz parte da avaliação psiquiátrica que ele recebeu".

A ação indenizatória movida pela família de Maria do Carmo não teve ainda um desfecho. Os parentes obtiveram ganho de causa em 2018, segundo reportagem do G1, sete meses depois do suicídio de Farah. Segundo o portal, a Justiça determinava que R$ 600 mil fossem retirados do espólio do ex-médico. Cabia recurso. Só que ele não deixou quase nada. Apenas o Porsche de fibra no chassi da Variant 1976 e algum saldo bancário referente aos anos em que trabalhou como servidor público.

A casa da Rua Neto de Araújo foi demolida. Seu terreno faz parte de um grande empreendimento imobiliário, em fase de construção em 2021. O slogan do prédio, de apartamentos de 145 metros quadrados com varandas, duas piscinas (coberta e ao ar livre), academia de ginástica e espaço gourmet é: "Elegância e sofisticação no lugar certo". Ironias da vida.

O corpo de Farah Jorge Farah está enterrado no mesmo cemitério que o dos pais, na Vila Mariana, e Maria do Carmo, no Cemitério Municipal Campo Grande, na Vila Sofia, a 14 quilômetros de distância um do outro. Não há registro de visitas.

IMAGENS DO CASO

PERSONAGENS DE UMA HISTÓRIA DE HORROR

O cirurgião assassino Farah Jorge Farah; ao lado, a carteira do Conselho Federal de Medicina, cassada após o crime

O viúvo, o porteiro João Augusto de Lima: uma luta sem fim em busca de Justiça

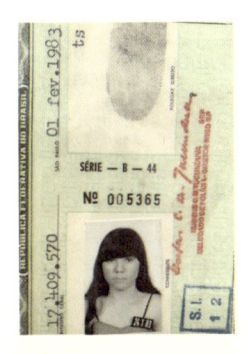

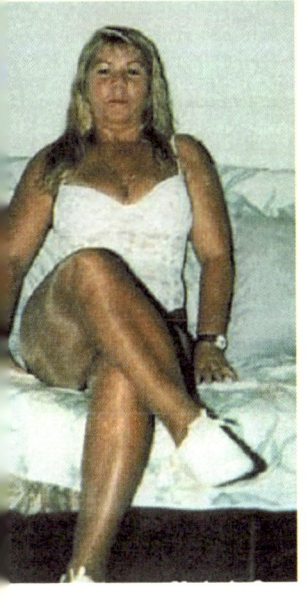

A vítima Maria do Carmo Alves: morta e esquartejada aos 46 anos na clínica do médico, com quem viveu um romance proibido

O delegado Ítalo Miranda Júnior assumiu o caso poucas horas depois de Farah confessar o crime

O MÉDICO QUE VIROU MONSTRO

UMA RELAÇÃO CONFLITUOSA

O primeiro boletim de ocorrência aberto por Farah, em 1º de dezembro de 1998, alegando que vinha sofrendo ameaças de morte de Maria do Carmo

SECRETARIA DE ESTADO DOS NEGÓCIOS DA SEGURANÇA PÚBLICA
POLÍCIA CIVIL DO ESTADO DE SÃO PAULO

Folha : 001

```
Dependência : 13º D.P. - CASA VERDE
BO          :    2/2000
                                                  61B090D0E1C1113173
```

TERMO DE DECLARAÇÕES

Aos 11 dias do mês de Janeiro de dois mil, nesta cidade de SAO PAULO - SP, onde se achava o Doutor SANDER MALASPINA, delegado respectivo, comigo escrivão de seu cargo, ao final assinado, compareceu MARIA DO CARMO ALVES - RG nº 17.409.570/SP filho de Amaro Alves da Silva e Adelice Paulino da Silva com 43 anos - nascida aos 01/03/1956 estado civil casada - de nacionalidade BRASILEIRA natural de Cupira-PE - de profissão do lar residente à Rua Dr. Pedro Arbues nº 97,- apto. 05 - Luz - fone: 3326-9244

Sabendo ler e escrever e declarou que: Conheceu a pessoa de FARAH JORGE FARAH em seu escritório na Rua Alfredo Pujol nº 84, Santana, sendo que ambos passaram a manter um relacionamento amoroso, o que perdurou por cerca de um ano. Após este periodo, ocorreu a separação do casal, por parte de FARAH. A declarante informa que, de uns tempos para cá, vem recebendo telefonemas em sua residência, inclusive durante o horário de repouso noturno, sendo que às vezes o telefone toca e ninguém fala nada, outras vezes pessoas dizem que "vão até a sua casa com a Policia". Em virtude disto, tendo em vista que a declarante acha que os telefonemas estão partindo do consultório do Dr. FARAH JORGE FARAH, eis que a declarante também telefona para o consultório do mesmo, tentando conversar com FARAH, porém este não atende. Que a declarante já telefonou várias vezes para o consultório de FARAH, porém assim o fez em virtude de que está recebendo os tais telefonemas. Nada mais. Lido e achado conforme, vai devidamente assinado.

SANDER MALASPINA
Autoridade

MARIA DO CARMO ALVES
Declarante

RICARDO T. MORAIS
Escrivão

*** FIM ***

Em 11 de janeiro de 2000, após novos registros de Farah à polícia, Maria do Carmo foi intimada a depor e deu sua versão dos fatos

O CASO QUE CHOCOU O PAÍS

Jornal "Agora" de 28 de janeiro de 2003, trazia uma foto de Farah de bruços no camburão

"O Globo", 28 de janeiro: sacolas na mala do carro com partes do corpo de Maria do Carmo

"Jornal da Tarde", 29 de janeiro: apareceram novas vítimas do cirurgião

"O Estado de S. Paulo", 28 de janeiro: imprensa deu grande destaque ao crime

A edição 246 da revista "Época", de 3 de fevereiro, já falava do amor doentio da vítima por seu assassino

"Jornal da Tarde", de 31 de janeiro, registrou a visita dos pais de Farah à cadeia

LOCAL DO CRIME POR DENTRO E POR FORA

A banheira da clínica, cheia de toalhas e lençóis descartáveis: segundo a perícia, foi ali que Farah esquartejou o corpo

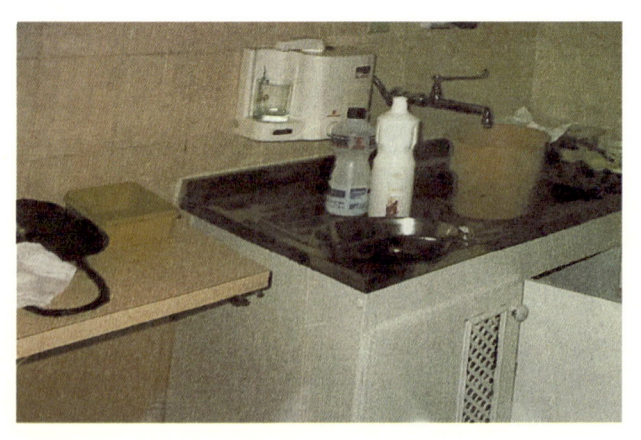

Na copa foram encontrados produtos de limpeza, usados pelo médico para esconder o crime

Alguns dias após o assassinato, a fachada da clínica apareceu pichada: a partir de então, o médico seria chamado de "monstro"

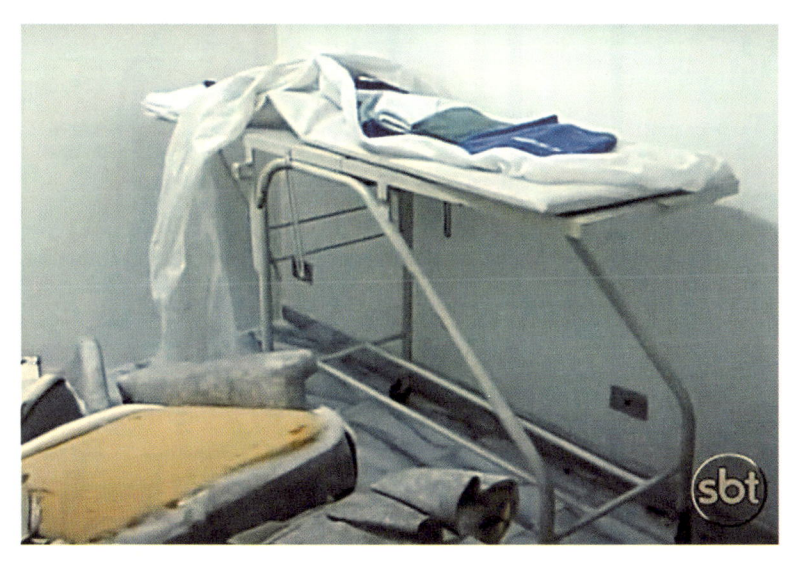

A maca usada para procedimentos estéticos, onde provavelmente Maria do Carmo foi sedada e morta

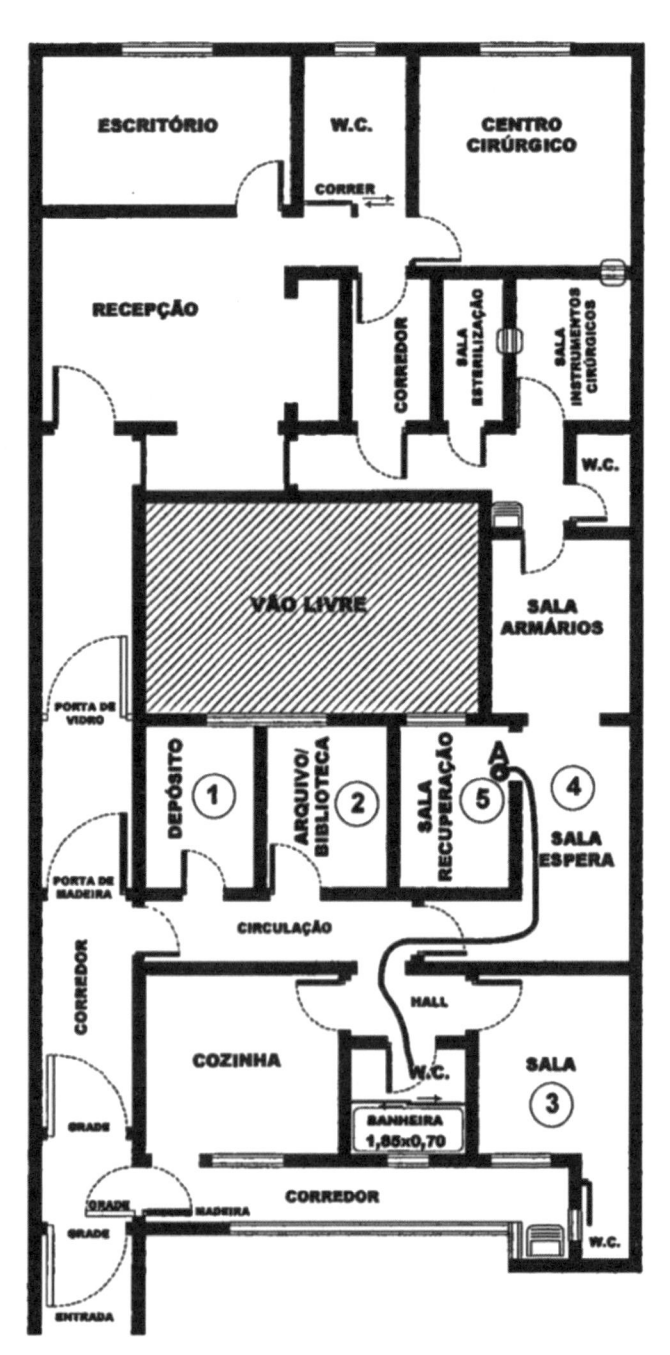

A planta do consultório na Rua Alfredo Pujol, que Farah montou após juntar dois apartamentos de um prédio misto, comercial e residencial

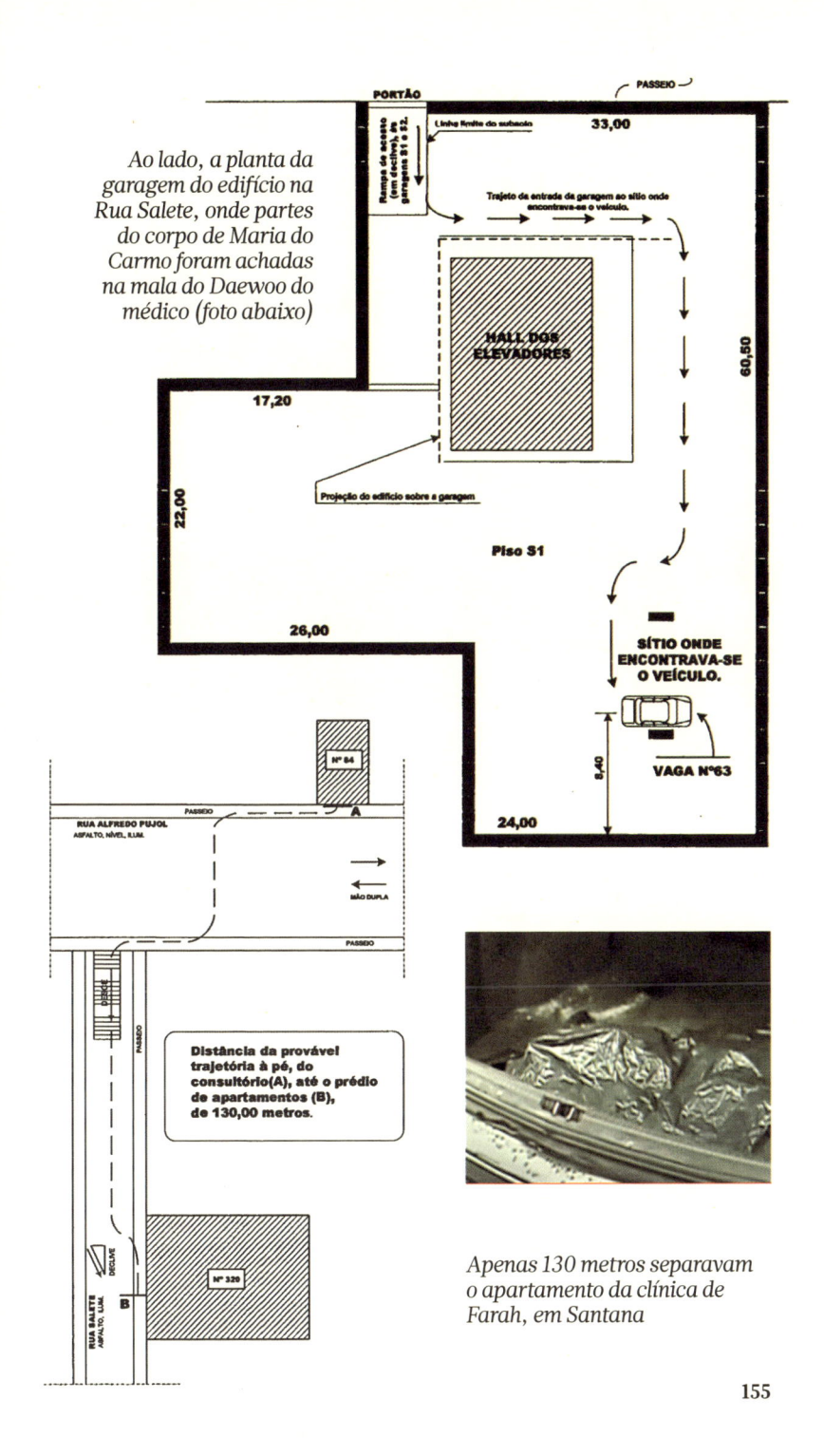

Ao lado, a planta da garagem do edifício na Rua Salete, onde partes do corpo de Maria do Carmo foram achadas na mala do Daewoo do médico (foto abaixo)

Apenas 130 metros separavam o apartamento da clínica de Farah, em Santana

A VIDA DE FARAH DEPOIS DO ASSASSINATO

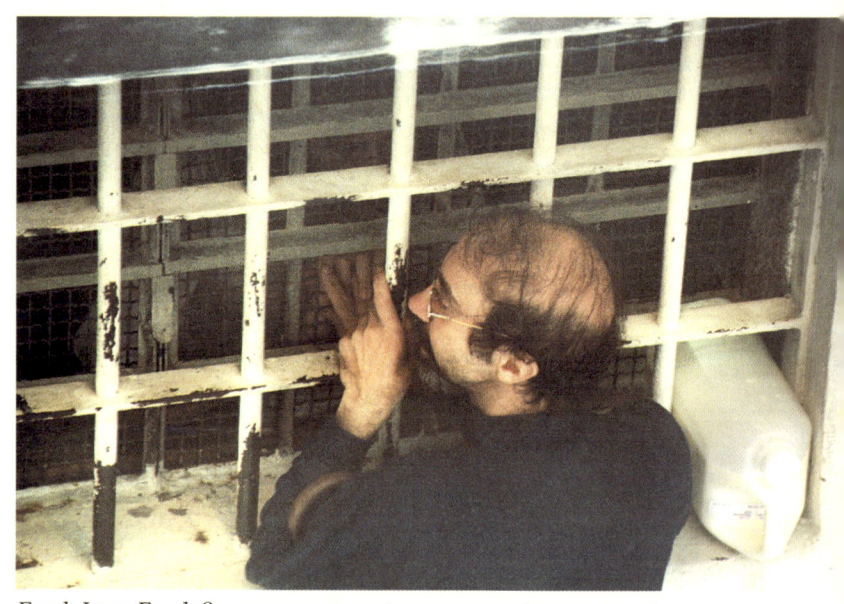

Farah Jorge Farah ficou preso por quatro anos e quatro meses, entre 2003 e 2007. Depois disso, não passou mais um único dia na cadeia

No julgamento de 2014, a condenação a 16 anos de prisão por matar e esquartejar Maria do Carmo

Reportagem de capa da revista "Época" em setembro de 2009

Em 2010, quando estudava gerontologia na USP

O dr. Farah dez anos depois do crime

ISTOÉ acompanha o dia a dia de Farah Jorge Farah e revela como vive atualmente o ex-médico que em 2003 matou, esquartejou e dissecou a paciente que se tornara sua amante

O ex-cirurgião posou com glamour para a "IstoÉ" em julho de 2013

Farah na saída do segundo julgamento, em maio de 2014: ele pôde recorrer em liberdade

Em junho de 2014, o "Brasil urgente" exibiu Farah vagando pelas ruas de São Paulo

ÚLTIMOS MOMENTOS

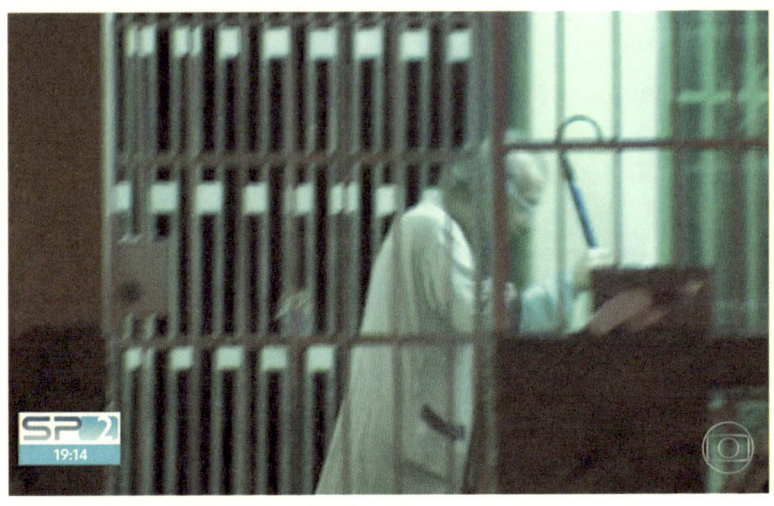

Na madrugada de 22 de setembro de 2017, a imprensa flagrou a última imagem de Farah, quando foi buscar pão no portão de casa

Em meio a lixo e entulho, havia roupas femininas penduradas em cabides na residência do ex-médico

Com o auxílio de uma escada, policial tenta entrar na casa da Rua Doutor Neto de Araújo, na Vila Mariana

Mensagens trocadas no grupo de advogados na manhã em que Farah foi achado morto

Entrevista do delegado Gonçalves, logo após encontrar o corpo do ex-cirurgião

O MÉDICO QUE VIROU MONSTRO

CRÉDITOS DAS IMAGENS

Pagina 146 – Agência Estado (Farah) e reprodução (carteira do CFM)

Página 147 – Agência Estado (João Augusto Lima), arquivo pessoal (Italo Miranda Junior) e reproduções (Maria do Carmo e carteira de identidade)

Páginas 148 e 149 – Reproduções/Polícia do Estado de São Paulo

Páginas 150 – Arquivo pessoal ("Agora" e "Jornal da Tarde") e reprodução ("O Globo")

Página 151 – Arquivo pessoal ("Jornal da Tarde") e reproduções ("Época" e "O Estado de S. Paulo")

Página 152 – Reproduções

Página 153 – Agência Estado (fachada do consultório) e reprodução de TV (consultório)

Página 154 – Reprodução/Secretaria de Segurança Pública

Página 155 – Reprodução/Secretaria de Segurança Pública (plantas) e reprodução SBT

Página 156 – Agência Estado (Farah) e reprodução Rede Globo (julgamento)

Página 157 – Reprodução SBT (Farah na USP), reprodução Rede Globo (saída do julgamento), reprodução Band (Farah nas ruas de São Paulo) e reproduções

Página 158 – Reproduções Rede Globo

Página 159 – Reprodução (celular) e Reproduções Rede Globo

POSFÁCIO

Não vou chorar aqui as agruras do esforço jornalístico para contar uma história. Como diria meu mestre Ricardo Boechat, "é dura a vida de bailarina". Mas acredito que vale dividir os bastidores do livro, apurado e escrito principalmente durante os primeiros dez meses da pandemia. A tarefa, que já não seria bolinho, ganhou contornos dramáticos com o coronavírus. Instituições, inclusive aquelas que já funcionam morosamente em condições ideais de temperatura e pressão, passaram a operar remotamente.

Quando eu ainda procurava uma maneira ágil de conseguir o processo criminal do caso, arquivado desde 2017, o mundo foi diminuindo de velocidade até parar completamente. Portanto, a primeira grande missão foi justamente a de encontrar uma cópia das 10.958 páginas da ação: cutuca daqui, cutuca dali e feito. Mergulhei, então, nos 26 volumes e 31 apensos. Li, reli e gastei um caderno de 70 páginas indexando os pontos mais relevantes dos desdobramentos legais do crime. *Old school:* papel e caneta. Depois me debrucei em acervos digitais de jornais, revistas, sites, emissoras de televisão, busquei livros, filmes e documentários.

Com isso, estabeleci uma lista de nomes essenciais para construir a narrativa, gente que pudesse acrescentar algo que não estivesse no processo e outros que nunca foram ouvidos formalmente. Busquei saber também como anda a vida de quem sofreu com a brutalidade do assassinato. Mas, como achar essas pessoas na quarentena? Revirei redes sociais, antigas listas telefônicas, contei com a ajuda de amigos e conhecidos, vasculhei processos que correram em paralelo, além de sites de currículo *lattes*. Apenas cinco entrevistas foram feitas presencialmente, antes do endurecimento das regras de isolamento. As demais ocorreram por videoconferência, WhatsApp e telefone. Teve quem se negasse a colaborar, ainda sob o trauma da barbárie. Natural. Alguns morreram. Outros preferiram falar sob condição de anonimato.

Foram meses trancada em casa, com a ajuda de celular, aplicativos, internet e dos Correios. Através do sistema postal, recebi livros de sebos e de livrarias virtuais e também as mais de oito horas de depoimentos do segundo julgamento, de 2014. As imagens em vídeo chegaram num pen drive, direto do interior de São Paulo, postado gentilmente por uma fonte que cumpria a quarentena em sua casa de veraneio. Precisei de um outro caderno para anotar os destaques do que foi dito no tribunal.

Aos poucos, a estrutura da narrativa e os capítulos tomaram forma. Resultado de um esforço para contar essa história triste, do tempo em que o feminicídio ainda não havia se tornado a Lei 13.104, o que só ocorreria em 9 de maio de 2015. O desfecho bárbaro do caso de Farah Jorge Farah e Maria do Carmo Alves faz parte de um longo caminho percorrido pelo Brasil até o vergonhoso quinto lugar no ranking mundial de feminicídios, segundo o Alto Comissariado das Nações Unidas para os Direitos Humanos. Uma trajetória que começou lá atrás, no século 19, quando se considerava lícito o marido matar a esposa adúltera, para defender a sua honra. Não foi à toa que durante os seis primeiros meses da pandemia, houve um aumento de 1,9% dos crimes deste gênero, em comparação com o mesmo período de 2019. Que este livro ajude a mudar o curso dessa estupidez.

Patricia Hargreaves

AGRADECIMENTOS

Aline Sordilli
Associação Nacional dos Inventores
Cremesp
Alexander Leonardo Medero Alvela
Chloe Olewitz
Cristiane Correa
Edson Rossi
Fernando Hargreaves
Guilherme Rainer
João Paulo Teixeira (Agência Estado)
Marcelo Hargreaves da Costa
Patricia Andrade
Renata Mariz de Oliveira
Vicky Constantinesco

À família de Maria do Carmo Alves e a todos aqueles que, sem querer ter seus nomes divulgados, se dispuseram a falar;

A Bruno Thys e Luiz André Alzer, por dividirem as agruras da pandemia, da apuração e da edição;

Aos jornalistas Renato Lombardi, Livia Marra, Letícia Jardim Guedes, Solange Azevedo, Paula Mageste, Tiago Cordeiro, Ronald Freitas e Roney Domingos, autores de reportagens importantes na elaboração deste livro.

BIBLIOGRAFIA

FAUSTO, Boris. *O crime da galeria de cristal – E os dois crimes da mala – São Paulo 1908-1928*. Companhia das Letras, 2019.

PALOMBA, Guido Arturo. *Insania furens – Casos verídicos de loucura e crime*. Editora Saraiva Jur, 2017.

GAZZANIGA, Michael. *Who's in charge – Free will and the science of the brain*. Harper Collins, 2012.

JORNAIS, REVISTAS E SITES CONSULTADOS

Agora, Adventistas.org, Agência Estado, Agência Folha, Agência O Globo, Aventuras na História, Blog Arquivo Vivo (Percival de Souza e Renato Lombardi), Correio Braziliense, Cremesp, Época, O Estado de S. Paulo, Family Tree, Folha de S. Paulo, Folha Press, IstoÉ, G1, O Globo, Jornal da Tarde, Jornal do Campus da Universidade de São Paulo, Jovem Pan, Jusbrasil, Migalhas, Olhar Jurídico, R7, SBT, Saúde, Secretaria de Saúde do Estado de São Paulo (Vigilância Sanitária), Superinteressante, Superior Tribunal de Justiça, Supremo Tribunal Federal, Tribunal de Justiça de São Paulo, Universidade de Mogi das Cruzes, Universidade de São Paulo, UOL, Veja, Veja São Paulo, Vice.

DOCUMENTÁRIO

INVESTIGAÇÃO CRIMINAL, episódio 5, primeira temporada, Caso Farah Jorge Farah. Medialand. 2012. Direção: Carla Albuquerque e Beto Ribeiro. Roteiro: Beto Ribeiro. Disponível no Looke e na Amazon Prime Video.

FILME

ATRAÇÃO FATAL *(Fatal attraction)*. Paramount Filmes. 1987. Direção: Adrian Lyne. Roteiro: James Dearden. Elenco: Glenn Close, Michael Douglas, Anne Archer.

Este livro utilizou a fonte Glosa Text. A primeira edição foi impressa na gráfica Rotaplan, em papel Pólen Soft 80g, em 2021, 18 anos depois da morte de Maria do Carmo.